Von acht bis acht

Zwölf Stunden im Leben von *Titanic*-Passagieren

Susanne Störmer

Von acht bis acht

Zwölf Stunden im Leben von *Titanic*-Passagieren

Eine Jungfernfahrt wird zu einem Albtraum

Bibliographische Information der Deutschen Nationalbibliothek
Die Deutsche Nationalbibliothek verzeichnet diese Publikation in der Deutschen
Nationalbibliothek; detaillierte bibliographische Daten sind im Internet über
http://dnb.d-nb.de
abrufbar

© Susanne Störmer, 2019

Herstellung und Verlag: BoD – Books on Demand, Norderstedt

ISBN: 9783749477890

Covergestaltung: Books on Demand

1. Auflage 2019

Inhaltsverzeichnis

Die Autorin:

Susanne Störmer, MBA, interessiert sich seit 1977 für die *Titanic*, seit 1990 forscht sie selbst mit Schwerpunkt 1. Offizier der *Titanic*. 1997 erschien ihr Buch „Titanic – Mythos und Wirklichkeit" im Henschel-Verlag. Im gleichen Jahr war sie Mitbegründerin des Deutschen Titanic-Vereins und gehörte dem ersten Vereinsvorstand an.

Während des vom Film *Titanic* (1997) ausgelösten *Titanic*-Fiebers in Deutschland war Störmer gefragte Interview-Partnerin in den damaligen Medien. Auch 2012, zum 100. Jahrestag des Untergangs der *Titanic*, war sie zum Thema *Titanic* in den Medien präsent.

Susanne Störmer publiziert regelmäßig in Vereinszeitschriften und betreut die Webseiten

www.titanicfiles.de

www.william-mcmaster-murdoch.de

www.william-mcmaster-murdoch.info

Ebenfalls im Buchhandel erhältlich ist ihr Buch „Dampfer Titanic: Eisberg voraus. Die letzten Stunden vor der Kollision neu untersucht", das im Februar 2019 in der 2. Auflage erschienen ist (siehe S. 183).

Begriffserklärung:

Eine Erläuterung von in diesem Buch verwendeten Fachausdrücken ist im Internet unter der URL

https://www.william-mcmaster-murdoch.de/lexikon/

abrufbar.

Einleitung

Als die *Titanic* am 10. April 1912 in Southampton ablegte, erwartete keiner, dass das Schiff niemals wieder zurückkehren würde. Doch in der Nacht zum 15. April 1912 wurde aus einer Jungfernfahrt eine Unglücksfahrt, deren Dramatik bis heute Menschen in aller Welt in ihren Bann zieht. Die Geschichte der *Titanic* ist Stoff zahlreicher Bücher und Filme. Darin wird die Geschichte so erzählt, dass man immer über die entscheidenden Vorgänge des Reiseverlaufs informiert ist. Doch wie erlebten die Passagiere ohne nachträgliches Wissen die Ereignisse vom 14. April 1912, 20 Uhr bis zum 15. April 1912, 8 Uhr?

Diese Fragestellung stand im Fokus eines dreiteiligen Beitrags für die Vereinszeitschrift des Deutschen Titanic-Vereins von 1997 e. V. Erzählt wurde der Untergang der *Titanic* ausschließlich aus Sicht der Passagiere – der letzte Abend an Bord, die Kollision, das Einbooten, die Stunden im Rettungsboot auf offener See und letztendlich die Rettung durch die *Carpathia*. Das vorliegende Buch basiert auf dieser Serie, die um zusätzliche Quellen ergänzt und dementsprechend erweitert wurde. In den Anhang mit aufgenommen wurden zwei weitere Beiträge, die für weitere Ausgaben der Vereinszeitschrift des Deutschen Titanic-Vereins verfasst wurden: Anhang 1 stellt den letzten Tag auf der *Titanic*, den 14. April 1912, dar, Anhang 2 schildert die Ereignisse auf der *Carpathia*, für die aus einer Routinefahrt eine Rettungsfahrt wurde. Im Vordergrund stehen ein weiteres Mal die Passagiere, sowohl die der *Titanic* als auch die der *Carpathia*, deren Eindrücke Basis der Beiträge sind. Deutlich wird aus den Berichten der Passagiere unter anderem der Schock, den der Untergang der *Titanic* damals auslöste. Denn die *Titanic* war nicht nur ein Schiff, sondern sie war das Ergebnis einer Entwicklung, die immer größere, komfortablere und sicherere Schiffe hervorgebracht hat. Man glaubte vor dem 15. April 1912 tatsächlich, dass ein unsinkbares Schiff möglich war[1]. Vor diesem Hintergrund wird verständlicher, warum viele Passagiere auf der *Titanic* nach der

---

[1] Nachweis durch George Behe; für deutschen Text siehe Behe (2018); englischer Text unter **http://wormstedt.com/GeorgeBehe/page2.htm** (zuletzt besucht am 26.07.2019)

Kollision einen Untergang überhaupt nicht in Erwägung zogen. Es wird auch nachvollziehbarer, warum sich niemand Gedanken über die Anzahl der Rettungsboote an Bord machte. Man fühlte sich ganz einfach sicher auf dem bis dahin größten jemals gebauten Schiff. Natürlich war es Transatlantikreisenden bewusst, dass die Seefahrt Gefahren barg, doch der Fortschritt im Schiffbau und Erfindungen wie Funk schienen die Risiken beherrschbar gemacht zu haben.

Durch die 1912 noch relativ neue Funktechnologie stand man selbst auf hoher See weit entfernt von Land mit anderen Menschen auf anderen Schiffen und sogar an Land in Kontakt. Und die zunehmende Größe der Schiffe vermittelte weitere Sicherheit. Eine Havarie, die diese Annahme zu bestätigen schien, lag damals noch gar nicht so lange zurück: Am 23. Januar 1909 kollidierte die *Republic* der White Star Line im Nebel vor Nantucket (Massachusetts, USA) mit der *Florida*, einem italienischen Auswandererdampfer. Der Funker der *Republic* sandte den Notruf, auf den diverse Schiffe reagierten. Die Passagiere der *Republic* wurden derweil auf die *Florida* gebracht, die weniger stark beschädigt war. Die Kollision war in den frühen Morgenstunden geschehen, am Abend erreichte die *Baltic* der White Star Line die Unglücksstelle, nachdem sie lange im Nebel nach den Havaristen gesucht hatte. Radar war 1909 noch nicht erfunden. Die *Baltic* übernahm die Passagiere der *Republic* und der *Florida* sowie die Besatzungsmitglieder der *Republic*, die nicht mehr an Bord benötigt wurden. Das ist bis heute einer der größten Transfers von Menschen in offenen Booten auf hoher See. Die *Republic* konnte noch in Schlepp genommen werden, sank dann aber doch. Insgesamt kamen sechs Menschen auf den beiden Schiffen ums Leben, alle durch die Kollision und nicht durch den Untergang der *Republic* etliche Stunden später[2].

Dieses Unglück schien zu beweisen, dass damalige moderne Schiffe sich bei Havarien lange genug über Wasser halten konnten, bis Hilfe vor Ort war. Hilfe, die per Funk auch aus größerer Entfernung herbeigerufen werden konnte. Und die Anzahl der Rettungsboote der *Republic*, *Florida* und später *Baltic* hatte ausgereicht, um die Menschen zuerst von der *Republic* auf die *Florida* und später von der *Florida* auf die *Baltic* zu bringen. Denn zum einen standen Rettungsboote von zuerst zwei und später drei Schiffen zur Verfügung, zum anderen konnten die Boote mehrfach verwendet werden. Wenn sie ihre Insassen auf dem anderen

---

[2] Ein Besatzungsmitglied auf der letzten Fahrt der *Republic* war Zahlmeister Reginald Barker, der auf der *Titanic* als 2. Zahlmeister fuhr.

Schiff abgesetzt hatten, kehrten die Boote zurück und konnten weitere Menschen aufnehmen und in Sicherheit bringen. Die Seefahrt schien einiges von ihren früheren Schrecken verloren zu haben. Doch dann kam die *Titanic*.

Die *Titanic* war das zweite Schiff einer Baureihe, die nach dem Typschiff *Olympic* als olympische Klasse bekannt wurde. Beide Schiffe wurden als „unsink-bar" beworben, und dieser Werbeaussage wurde Glauben geschenkt[3]. Die *Olympic* hatte sich seit dem Juni 1911 im Einsatz bewährt. Ihre Größe und Weit-läufigkeit sowie die jeweilige Ausstattungen in den drei Klassen an Bord beein-druckten alle. Die *Titanic* als zweites Schiff erhielt deutlich weniger Aufmerksam-keit, galt jedoch als verbesserte Version der *Olympic*. Aus Zeitgründen stattete die *Titanic* auf der Überführungsfahrt von der Werft in Belfast ihrem Heimathafen Liverpool keinen Besuch ab, sondern fuhr direkt nach Southampton. Auch in Southampton gab es kein „open ship", da jede Minute benötigt wurde, um die *Titanic* für ihre Jungfernfahrt fertig zu machen.

Am 10. April 1912 war es dann so weit. Die *Titanic* legte zu ihrer ersten Überfahrt in die Neue Welt ab. Nach Stationen in Cherbourg (Frankreich) und Queenstown (heute Cobh, Irland) lagen einige Seetage vor den Passagieren, ehe dann fahr-planmäßig am 17. April 1912 New York erreicht werden sollte. Doch in der Nacht zum fünften Tag der Reise kam alles ganz anders …

---

[3] Nachweis durch George Behe; für deutschen Text siehe Behe (2018); englischer Text unter **http://wormstedt.com/GeorgeBehe/page2.htm** (zuletzt besucht am 26.07.2019)

14. April 1912:
20 Uhr bis Mitternacht

Nordatlantik, 14. April 1912. Die *Titanic* befindet sich auf ihrer Jungfernfahrt nach New York. Sie ist ein Postdampfer, befördert Post für die Royal Mail[4] und die US Mail[5]. „Postdampfer" ist eine Art Gütesiegel, das nicht jedes Schiff erhält. Nur zuverlässige Reedereien, die mit ihren Schnelldampfern einen Fahrplan regelmäßig einhalten, erfüllen die hohen Anforderungen der Postgesellschaften, um sich um die begehrten Postverträge zu bewerben. Und nur die Schiffe dieser Reedereien, auf denen vertragsgemäß Post befördert wird, werden als Postdampfer bezeichnet. Das bedeutet gleichzeitig auch, dass eine zuverlässige Besatzung an Bord ist, die sich nicht an fremdem Eigentum vergreift, denn die auf den Schiffen beförderte Post muss unbeschädigt und vollständig im Zielhafen ankommen. Die Postgesellschaften bezahlen die Reedereien vereinbarungsgemäß für den sicheren und schnellen Posttransport. Das wiederum stellt eine feste Einnahmequelle für die Reedereien dar. Dementsprechend wichtig sind die Postverträge für Reedereien.

Doch die *Titanic* ist nicht nur ein Postdampfer, sondern sie fährt auch nach einem Fahrplan auf einer festen Route, auch Linie genannt. Damit ist die *Titanic* ein Linienschiff, oftmals auch als Liner, Oceanliner oder Ozeanliner bezeichnet. In den Zeiten vor den Transatlantikflügen von Passagierflugzeugen ist eine Schifffahrt die einzige Möglichkeit, das Meer zu überqueren, und eine Fahrt mit einem Ozeanliner ist die beste[6]. Denn die Ozeanliner sind auf die Beförderung von Passagieren ausgelegt, fahren nach einem Fahrplan und bieten je nach Reiseklasse unterschiedlichen Komfort.

---

[4] Royal Mail = Königliche Post = Postdienst in Großbritannien
[5] US Mail = US Post = Postdienst in den USA.
[6] Weitere Möglichkeiten stellen kombinierte Fracht- und Passagierschiffe, sogenannte Kombischiffe, reine Frachtschiffe, Windjammer und spezielle Auswandererdampfer dar. Frachtschiffe und Windjammer befördern allerdings nur vereinzelt Passagiere.

An Bord der *Titanic* sind 2.208 Menschen, darunter 1.309 Passagiere[7]. Die Passagiere reisen aus unterschiedlichen Gründen, aber keiner fährt aus Vergnügen an der Schifffahrt. Die *Titanic* ist für die Passagiere ein reines Transportmittel, allerdings ein sehr modernes und komfortables. – An den Reisenden auf der *Titanic* zeigt sich ein bereits geändertes Reiseverhalten der Menschen in der industrialisierten Welt: Die Gesellschaft ist mit zunehmenden Wohlstand mobiler geworden. Natürlich leben immer noch viele Menschen in Armut, doch immer mehr Menschen können sich eine Reise in die Fremde leisten. So findet man auf der *Titanic* – aufgeteilt auf die drei Klassen an Bord – eine bunte Mischung vom Auswanderer bis zum Multimillionär. An Bord jedoch bleibt jeder Passagier strikt in seiner Buchungsklasse. So kann auf der *Titanic* beobachtet werden, wie eine Frau, die in der 2. Klasse reist, Kontakt zu ihren Freunden, die in der 3. Klasse gebucht haben, hält, indem sie sich an der Absperrung zwischen den beiden Klassen regelmäßig treffen.

Der 14. April 1912 ist der dritte Seetag in Folge. Die Passagiere haben sich inzwischen eingelebt und ihren eigenen Bordrhythmus gefunden. Struktur erhält das Bordleben der Passagiere durch die Mahlzeiten, um die herum der Rest des Seetages individuell gestaltet wird. Ein organisiertes Unterhaltungsprogramm gibt es auf der *Titanic* nicht. Vergnügungen wie Nutzung des Fitnessraums, des Türkischen Bades (inkl. elektrischem Bad), des Pools oder des Squashplatzes sind größtenteils kostenpflichtig. Diese Räume befinden sich in den Bereichen, die der 1. Klasse zugeordnet sind. Außerdem gibt es Musiker an Bord, die zu verschiedenen Zeiten kostenlos aufspielen und in der 1. und 2. Klasse für den musikalischen Hintergrund sorgen. Im Gegensatz zu deutschen Schiffen, auf denen die Bordkapelle auch Blechblasinstrumente umfasst und vielköpfig ist, sind auf der *Titanic* acht Musiker beschäftigt, die Streichinstrumente oder Klavier spielen. Sie treten als Quintett und als Trio auf. In der 3. Klasse hingegen müssen die Passagiere selbst zu Instrumenten greifen, wenn sie musikalische Unterhaltung möchten.

---

[7] Zahlen nach Söldner (2000). Die Bordmusiker werden hier zur Besatzung gezählt, obwohl sie in den Passagierlisten als Passagiere der 2. Klasse geführt wurden. – Die von Hermann Söldner im Jahr 2000 publizierten Zahlen gelten als korrekt, da es bisher (September 2019) noch niemandem gelungen ist, einen Fehler nachzuweisen. Zudem finden diese Zahlen auch international Verwendung, z. B. Halpern (2011) und Fitch et al. (2012).

In der 3. Klasse auf der *Titanic* reist man zwar durchaus mit einem Komfort, wie er vor wenigen Jahren in der 3. Klasse oder zuvor im Zwischendeck undenkbar war. Doch es ist eine Passage ohne Schnickschnack abseits von Koje, Waschräumen, Mahlzeiten, Rauchsalon, Aufenthaltsraum und offenen Bereichen an Deck. Immerhin gibt es auf der *Titanic* keine Massenschlafsäle in der 3. Klasse mehr, wie sie noch bis vor einigen Jahren üblich waren und dementsprechend auch 1912 noch auf älteren Schiffen anzutreffen sind.

Die 2. Klasse bietet bereits mehr Komfort. So sind eine Bibliothek und eine überdachte Promenade neben den offenen Promenaden und dem Rauchsalon Bestandteil des Angebots für die Passagiere in dieser Klasse. Die Bibliothek fungiert dabei auch als Lese- und Schreibraum. Sie ist deutlich komfortabler als der Aufenthaltsraum in der 3. Klasse. Im Treppenhaus der 2. Klasse gibt es ebenfalls Sitzgelegenheiten und damit Aufenthaltsmöglichkeiten. Die Überfahrt ist dafür aber auch teurer als in der 3. Klasse.

In der 1. Klasse trifft man den größten Komfort an, wobei es innerhalb dieser Klasse auch Unterschiede gibt. Neben dem besten Personalschlüssel bei den Stewards, gibt es sogar Suiten mit eigenem Badezimmer und Telefon. Mit dem Telefon kann man allerdings nur innerhalb des Schiffes zu den Räumen telefonieren, die ebenfalls an das bordeigene Telefonnetz angeschlossen sind. Doch auch in der 1. Klasse stehen für die meisten Kabinen lediglich Gemeinschaftstoiletten und –badewannen zur Verfügung. Dafür sind die Kabinen deutlich größer als auf anderen Schiffen. Und es gibt das bereits erwähnte, größtenteils kostenpflichtige Freizeitangebot zusätzlich zum Rauchsalon, Lese- und Schreibraum, der Lounge und dem Verandacafé. Eine weitere Besonderheit der *Titanic* ist die im vorderen Bereich mit Schiebefenstern verglaste Promenade auf dem A-Deck, die es auf dem älteren Schwesterschiff *Olympic* nicht gibt. Aufenthalte in frischer Seeluft gehören in der Zeit der *Titanic* zu den geschätzten Beschäftigungen an Bord.

Seit der Mittagszeit ist es merklich kühler geworden, und das ist auch im Inneren des Schiffes zu spüren. In der 1. Klasse sitzen viele Passagiere in Mänteln und Pelzen in den öffentlichen Räumen und wundern sich darüber, dass nicht komfortabler geheizt wird. Ein auf die Kälte angesprochener Steward erklärt, dass die *Titanic* schon in Kürze von Eis umgeben sein wird. Das beunruhigt jedoch niemanden. Für das Abendessen in der 1. Klasse werfen sich wegen der Kälte in den Innenräumen nicht alle Passagiere in Schale, sondern behalten wärmere Kleidung an.

20 Uhr Schiffszeit *Titanic*

In der 3. Klasse ist man bereits fertig mit dem Essen – die Mahlzeitenfolge weicht etwas von den anderen Klassen ab: Es wird um 7:30 Uhr geweckt und um 8 Uhr das Frühstück serviert. Dinner und damit die reichhaltigste Mahlzeit gibt es um 13 Uhr. Vermutlich am späten Nachmittag wird „Tea" serviert, wobei „Tea" hier mehr beinhaltet als nur Tee; angeboten werden kalter Braten, Käse, eingelegtes Gemüse, frisches Brot und Butter, gedünstete Feigen und Reis. Dem Tea folgt als Spätmahlzeit noch ein Supper, das aus Brei, Schiffszwieback und Käse besteht[8].

In den anderen beiden Klassen werden die Mahlzeiten wie folgt in den Speisesälen serviert:

	Frühstück	**Lunch**	**Dinner**
1. Klasse	8 – 10 Uhr	13:00 Uhr	19:00 Uhr
2. Klasse	8 Uhr	12:30 Uhr	18:00 Uhr

Das a-la-carte-Restaurant, das Passagieren in der 1. Klasse als zusätzliches Angebot zur Verfügung steht, hat von 8 Uhr morgens bis 23 Uhr abends geöffnet, und dort kann man zu jeder Zeit speisen. Das Angebot beinhaltet Frühstück, Lunch, Tea, Supper und Dinner. Hier können die Passagiere frei wählen, wann sie ihr Dinner als reichhaltigste Mahlzeit des Tages einnehmen wollen. Im Gegensatz zu den Mahlzeiten in den Speisesälen, die im Fahrpreis inkludiert sind, muss im Restaurant bezahlt werden. Wenn man jedoch bereits bei der Buchung oder bis kurz nach Beginn der Reise dem Zahlmeister mitgeteilt hat, dass man alle Mahlzeiten während der Überfahrt im Restaurant einnehmen will, bekommt man einen Teil vom Fahrpreis erstattet. Die Höhe der Erstattung hängt vom Ticketpreis ab.

Dem Restaurant angegliedert ist das Café Parisienne, das im Stil eines Pariser Straßencafés gehalten ist. Diese Einrichtung ist neu auf der *Titanic*; auf dem älteren Schwesterschiff *Olympic* fehlt etwas Vergleichbares. Und so können die

---

[8] Mylon (2016), S. 59; historisch steht „Dinner" für die reichhaltigste Mahlzeit des Tages, die auch mittags eingenommen werden konnte. Dann gab es abends eine leichte Mahlzeit, das Supper. – Auf der *Carpathia* war die Speisenfolge zumindest nach Rettung der Schiffbrüchigen der *Titanic* Frühstück – Dinner – Supper lt. Passagier Stoudenmire (Behe (2015), S. 143)

Reisenden in der 1. Klasse, die die *Olympic* bereits von früheren Überfahrten kennen, auf der *Titanic* etwas Neues entdecken.

Im Speisesaal der 2. Klasse hat der 2. Zahlmeister seinen eigenen Tisch, an dem ausgewählte Passagiere Platz nehmen. So ist auch in dieser Klasse ein hochrangiges Besatzungsmitglied als Gastgeber präsent. Plätze am Tisch des Zahlmeisters erhalten haben unter anderem Lawrence Beesley, ein verwitweter Lehrer für Naturwissenschaften, der privat nach Nordamerika reist, und Douglas Norman, ein Ingenieur aus Schottland, der seinen Bruder in Kanada besuchen will.

In der 1. Klasse sind neben dem Kapitän üblicherweise der Chefzahlmeister und die beiden Schiffsärzte Gastgeber an eigenen Tischen, so dass mehr Passagiere die Ehre haben, mit einem hochrangigen Besatzungsmitglied zu speisen. Der Kapitän ist jedoch nur an seinem Tisch, wenn seine Anwesenheit auf der Kommandobrücke nicht erforderlich ist. Der bisherige Reiseverlauf der *Titanic* war von angenehmem Wetter begleitet, so dass der Kapitän nicht auf der Brücke sein musste. Allerdings sitzt Kapitän Smith am Abend des 14. April 1912 nicht an seinem Tisch im Speisesaal, sondern ist einer Einladung von Passagieren ins Restaurant gefolgt.

Am Tisch vom Schiffsarzt Dr. O'Loughlin in der 1. Klasse sind auf dieser Reise der Assistenzarzt Dr. John Edward Simpson, Thomas Andrews und Frederick und Jane Hoyt, die sich als Freunde von Dr. O'Loughlin bezeichnen. Doch auch Chefzahlmeister McElroy ist Gastgeber an diesem Tisch[9]. McElroy hat Mrs. Eleanor Cassebeer einen Platz an seinem Tisch gegeben. Weitere Gäste am offenbar gemeinsamen Tisch vom Zahlmeister und den beiden Schiffsärzten sind Harry Anderson sowie Albert und Vera Dick. An diesem Abend fehlt allerdings der alte Schiffsarzt in dieser Runde – als O'Loughlin nachmittags die Hoyts besuchte, erhielt er von einem Steward die Nachricht, dass Mr Ismay mit ihm im Restaurant speisen möchte und O'Loughlin nahm die Einladung an. So sitzt er seit etwa 19:30 Uhr an einem Zweiertisch mit Ismay im Restaurant – während ein paar Tische weiter Kapitän Smith auf Einladung der Wideners in einer großen Runde sein Abendessen einnimmt. George Widener ist ein Bankier aus Philadelphia und reist mit seiner Frau und seinem erwachsenen Sohn zurück in die USA. An der Dinner-Party der Wideners nehmen außer Kapitän Smith unter anderem auch Major Archibald Butt, aide-de-camp des amerikanischen Präsidenten, John und Marian Thayer und William und Lucille Carter teil. John Thayer ist zweiter Vizepräsident

---

[9] Fitch et al. (2012), S. 106

der Pennsylvania Railroad. William Carter ist Kosmopolit und begeisterter Polospieler und Jäger. Nachdem er zusammen mit seiner Frau die Jagdsaison in England verbracht hat, hat er unter anderem einen Renault mit 35PS in einen Laderaum der *Titanic* verladen lassen. Und auch der New Yorker Börsenmakler Harry Anderson, der eigentlich am Tisch vom Zahlmeister und den Schiffsärzten sitzt, ist Gast bei der Dinnerparty der Wideners.

Im Speisesaal der 1. Klasse sitzt unter anderem das Ehepaar Straus, das einen Tisch für sich alleine hat. Isidor und Ida Straus stammen beide aus Deutschland. Er wurde 1845 in Otterberg in der Nähe von Kaiserslautern geboren, damals noch Königreich Bayern. Sie kam 1849 in Worms, damals Großherzogtum Hessen, zur Welt. Kennengelernt haben sich die beiden in den USA und dort 1871 geheiratet; der Ehe entstammen sieben Kinder. Straus war kurzzeitig Kongressabgeordneter für die Demokraten, ist Millionär und Mitinhaber des New Yorker Warenhauses Macy's. Die Überfahrt auf der *Titanic* beendet eine weitere Europareise des Paares.

An einem weiteren Tisch im Speisesaal sitzen Clarence Moore, Geschäftsmann aus Washington, und Francis Millet, Künstler, ebenfalls mit Verbindungen nach Washington. Dritter Mann am Tisch ist normalerweise Major Archibald Butt, als aide-de-camp des amerikanischen Präsidenten ebenfalls in Washington ansässig, doch an diesem Abend ist Butt wie bereits erwähnt Gast bei der Dinnerparty der Wideners im Restaurant. Butt und Millet sind befreundet. Es war Millet, der sich beim amerikanischen Präsidenten dafür eingesetzt hat, dass der sichtlich erschöpfte Butt eine Auszeit bekommt und Millet auf einer Europareise begleitet. Die Überfahrt nach Europa haben die beiden Freunde gemeinsam gemacht. Nachdem sich ihre Wege nach einem Aufenthalt in Rom getrennt haben, sind sie nun auf der *Titanic* auf dem Weg zurück in die USA. Butt ist in Southampton an Bord gegangen, Millet in Cherbourg zugestiegen. Beide reisen in Einzelkabinen.

Ein anderer Tisch im Speisesaal der 1. Klasse besteht aus kanadischen Geschäfts-leuten: Major Peuchen speist mit Harry Markland Molson und dem Ehepaar Allison, deren fast 3jährige Tochter Helen Loraine für eine kurze Zeit ebenfalls beim Essen dabei ist, damit sie einen Eindruck von der Schönheit des Speisesaals bekommt. Das jüngste Kind der Allisons, Trevor, ist noch kein Jahr alt und wird von einem Kindermädchen betreut. Das Kindermädchen wie auch die Zofe der Allisons reisen mit den Herrschaften in der 1. Klasse; für die Bediensteten der Passagiere gibt es auf der *Titanic* einen eigenen Speiseraum. Die Köchin und der

Fahrer der Allisons reisen in der 2. Klasse der *Titanic*; ihre Dienste werden an Bord der *Titanic* von den Allisons nicht benötigt.

Ein weiterer Tisch im Speisesaal der 1. Klasse wird gebildet von Jacques und May Futrelle sowie Henry B. und Irene „Rene" Harris. Jacques Futrelle ist Schriftsteller, Henry B. Harris Theaterproduzent am Broadway in New York – da ergibt sich ausreichend gemeinsamer Gesprächsstoff für eine transatlantische Überfahrt. Weiterer Gesprächsstoff ist entstanden durch einen Unfall von Irene Harris: Sie ist auf einer Treppe ausgerutscht und hat sich den Ellenbogen gebrochen. Das war ein Fall für den Schiffsarzt Dr. O'Loughlin, der vielen Reisenden der 1. Klasse aufgrund deren häufigen Transatlantikpassagen gut bekannt ist.

Der Speisesaal der 2. Klasse ist entsprechend der Buchungsklasse weniger vornehm. Ganz traditionell gibt es Drehstühle, wie sie viele Jahre lang auch in der 1. Klasse üblich waren. Laut Kate Buss sitzen in der 2. Klasse immer acht Leute an einem Tisch[10]. Ingenieure, Lehrer, Geistliche, Geschäftsleute und Frauen, die aus verschiedenen Gründen alleine auf dem Weg in die USA sind, sind in der 2. Klasse unterwegs – aber auch Auswanderer, die mehr Komfort wünschen als die 3. Klasse bietet, so z. B. die Browns, die auf dem Weg von Südafrika in die USA sind, und die Harts aus London, die ebenfalls in den USA ihr Glück versuchen möchten.

Sowohl die Passagiere der 1. als auch die der 2. Klasse finden das Essen in den Speisesälen an diesem Abend besonders gut – Selena Cook (2. Klasse) vergleicht es gar mit einem Weihnachtsessen[11], so festlich ist es an diesem Abend.

Im Restaurant hat man wie üblich freie Auswahl aus der Speisekarte. Die Duff Gordons sind an diesem Abend im Restaurant. Sie reisen quasi inkognito; auf der Passagierliste, die bald nach der Abfahrt an Bord in der 1. Klasse verteilt wurde, tauchen ihre Namen nicht auf – dafür aber Mr und Mrs Morgan, das Pseudonym der Duff Gordons. Sir Cosmo Duff Gordon ist Großgrundbesitzer und passionierter Fechter. Er hat an den olympischen Spielen 1906[12] teilgenommen und für Großbritannien im Teamfechten die Silbermedaille gewonnen. Außerdem hat er bei der Organisation des britischen Fechtteams für die olympischen Spiele von 1908 mitgewirkt. Seine Frau, Lady Lucy Duff Gordon, ist eine bekannte Modedesignerin, die ihr eigenes Modelabel aufgebaut hat und dementsprechend oft ist sie unter-

---

[10] Behe (2011/1), S. 94
[11] Quinn (1999), S. 28
[12] Diese olympischen Spiele werden vom IOC nicht anerkannt.

wegs. Ihre Eheschließung im Jahr 1900 war eine kleine Sensation: Der Großgrundbesitzer und Edelmann Sir Cosmo Duff Gordon heiratete die bereits einmal geschiedene Tochter eines Ingenieurs aus Toronto. Die Duff Gordons sind wegen Lucys Geschäftsreisen häufiger getrennt, doch auf der *Titanic* können sie eine gemeinsame Zeit verbringen. An diesem Abend im Restaurant bewundert Lady Duff Gordon die Narzissen auf dem Tisch, die so frisch sind, als wären sie gerade erst geschnitten worden.

Ebenfalls im Restaurant sind John Jacob Astor und seine junge Frau Madeleine, die an einem Tisch für sich sitzen; sie kehren von ihrer Hochzeitsreise zurück. Die Ehe zwischen dem Multimillionär Astor und der 27 Jahre jüngeren Madeleine, die jünger ist als Astors Sohn Vincent aus seiner ersten Ehe, steht im Fokus der Öffentlichkeit. Die gesellschaftliche Meinung ist hinsichtlich dieser Verbindung gespalten. Auf der *Titanic* sind die Astors bisher für sich geblieben, obwohl Madeleine Astor dabei beobachtet wurde, dass sie, wenn sie in einem Deckstuhl saß und las, jeder vorbeigehenden Person kurz hinterher schaute, so, als wenn sie gerne mit anderen Menschen ins Gespräch gekommen wäre, sich aber nicht traute, den ersten Schritt zu machen.

Der Restauranttisch, an dem die private Feier der Wideners stattfindet, zieht einige Aufmerksamkeit auf sich, allein schon wegen der Größe und der Persönlichkeiten in der Runde. Doch auch der Zweiertisch von Ismay und Dr. O'Loughlin erhält Beachtung – Ismay wird von diversen Gästen angesprochen, wie lange die Überfahrt noch dauern würde. Generell erwartet man auf dem Schiff eher eine Ankunft in New York am Dienstagnachmittag als – wie vom Fahrplan her vorgesehen – am Mittwoch. Und das wäre eine deutliche Verbesserung im Vergleich zur *Olympic* und ihrer Jungfernfahrt im Juni 1911. Die Stimmung am Tisch von Ismay und Dr. O'Loughlin scheint gut. Und sie schwappt auf das übrige Restaurant über, als O'Loughlin aufsteht, ein Glas Champagner hochhält und ruft: „Lasst uns auf die mächtige *Titanic* trinken!"[13] Es gibt zustimmende Rufe der anderen Besucher im Restaurant.

Im Restaurant löst sich die merkwürdige Situation mit Kapitän Smith und Joseph Bruce Ismay gegen 20:15 Uhr auf. Merkwürdig ist die Situation deswegen: Der Kapitän des Schiffes sitzt auf Einladung in großer Runde an einem Tisch in einem Alkoven, und der Vorstandsvorsitzende der Reederei sitzt mittig im Raum mit dem

---

[13] Fitch et al. (2012), S. 128

Schiffsarzt an einem Zweiertisch und hat dabei seinen Rücken zum Alkoven, so dass er die große Runde gar nicht vollständig überblicken kann. Ismay ist ganz offensichtlich eher der Einzelgänger, obwohl er als Vorstandsvorsitzender der Reederei auch als Gastgeber an Bord auftreten könnte. Stattdessen speist er mit dem Schiffsarzt, der eigentlich selbst Gastgeber an einem Tisch im Speisesaal sein sollte. – Ismay verlässt das Restaurant, die große Runde bleibt noch länger. Dort entwickelt sich spontane Sympathie zwischen Major Butt und Marian Thayer, die nebeneinander sitzen. Sie begegnen sich zum ersten Mal, doch sofort unterhalten sie sich, als wären sie alte Bekannte.

Gegen 20:30 Uhr beginnt im Speisesaal der 2. Klasse ein Choralsingen, das von Reverend Carter, einem Passagier, organisiert wurde. Der Zahlmeister Barker hat auf Nachfrage hin den Raum zur Verfügung gestellt. Die Klavierbegleitung übernimmt ein schottischer Ingenieur, der unter den Passagieren in der 2. Klasse ist. Da die Passagiere zahlreich teilnehmen, kann nur eine Auswahl der vorab gewünschten Choräle gesungen werden – die beliebtesten Choräle, von denen, wie Lawrence Beesley bemerkt, viele mit den Gefahren der See zu tun haben[14]. Das wiederum mag bei einer Seefahrernation wie England eine ist nur dann überraschen, wenn man sich auf der *Titanic* befindet.

Wer das a-la-carte-Restaurant verlässt, kommt auf dem Weg nach draußen an dem Tisch mit dem Kapitän vorbei. Diese Runde bleibt noch sitzen, während andere den Abend an anderer Stelle ausklingen lassen. Wer im Restaurant bleibt, hört die Klänge des Trios[15]. Dass es neben dem Quintett auch ein Trio gibt, ist auf der *Titanic* neu eingeführt worden. Die internationale Zusammensetzung des Trios passt hervorragend zum a-la-carte-Restaurant, dessen Personal ebenfalls international ist. In anderen Bereichen mit Passagierkontakt dominieren britische Staatsangehörige.

---

[14] Beesley und Baak (2012), S. 27

[15] Das Trio auf der *Titanic* besteht aus John Law Hume (Großbritannien), Georges Alexandre Krins (Belgien) und Roger Marie Léon Joseph Brixoux (Frankreich). Einer dieser drei Männer muss Bandleader gewesen sein. Für Hume als Bandleader des Trios spricht, dass er bereits Bandleader auf der *Carmania*, einem durchaus renommierten Schiff der Cunard Line, gewesen war. Als Bandleader bezeichnet wird Hume von seinem Vater sowie der Stewardess Violet Jessop. Dass George Alexandre Krins Bandleader des Trios ist, darf bezweifelt werden, da Krins zur See gänzlich unerfahren ist. (Bäbler (2013), S. 147 f.)

21 Uhr Schiffszeit *Titanic*

Ein beliebter Aufenthaltsort nach dem Abendessen im Speisesaal ist für die Herren aller Klassen der jeweilige Rauchsalon. Im Rauchsalon der 1. Klasse ist zum Beispiel Major Peuchen anzutreffen, wo er sich Thomson Beattie, Thomas McCaffry und einem weiteren Engländer, der nach Kanada will, anschließt. Doch auch das Verandacafé und die Lounge auf dem A-Deck erfreuen sich in der 1. Klasse Beliebtheit bei den Nachtschwärmern beiderlei Geschlechts. Im Empfangs-raum vor dem Speisesaal der 1. Klasse hat das Quintett der Musiker seit 20 Uhr ein Konzert gegeben, das um 21 Uhr beendet wird. Zu den Klängen der Musik haben Passagiere noch einen Mokka nach dem Essen genossen.

Die anderen beiden Klassen haben eine kleinere Auswahl an Möglichkeiten, doch es gibt Alternativen zum Aufenthalt in der Kabine. Außerdem sind während der Reise Bekanntschaften gemacht worden, aus denen so etwas wie Bordfreund-schaften entstanden sind: Man kennt sich mittlerweile, und mit einigen Mitrei-senden verbringt man gerne Zeit, vielleicht weil man gemeinsame Interessen ent-deckt oder ein gemeinsames Reiseziel oder gemeinsame Bekannte hat.

In der 3. Klasse reisen Angehörige zahlreicher Nationalitäten. Oftmals sind es junge Leute, die in kleinen Gruppen in Richtung Amerika unterwegs sind, wo sie ein neues Leben beginnen wollen. In der Gruppe ist meistens jemand, der bereits in den USA gelebt und gearbeitet hat und auf Heimatbesuch war. Diese Person fungiert als Übersetzer, da die Neuauswanderer der englischen Sprache nicht mächtig sind, wenn sie nicht von den britischen Inseln stammen. Auf dem Schiff ist man häufig – sicher auch wegen der Sprache – mit Angehörigen der gleichen Nation und häufig aus der gleichen Region zusammen. Die Kabinenzuteilung durch die Reederei erfolgt auch möglichst nach Nationalitäten, um Konflikte zu reduzieren. Allerdings bleiben die Reisegruppen dabei nicht immer zusammen, sondern werden auf mehrere Kabinen aufgeteilt, die sie sich mit ihnen bislang Unbekannten teilen müssen.

Eine beliebte Beschäftigung nach dem Abendessen ist ein Spaziergang an Deck. Die *Titanic* bietet offene Promenaden für alle drei Klassen und überdachte Promenaden für die 1. und die 2. Klasse. Doch an diesem Abend ist es draußen unangenehm kalt geworden. May Futrelle (1. Klasse) ist wie viele andere nach dem Dinner noch kurz an Deck gegangen: *„Es lag eine Eiseskälte in der Luft, die mir Schauer den Rücken hinunterjagte und mich veranlasste, in die Geborgenheit* *und Wärme der Kabine zurückzueilen. Niemand verspürte auch nur einen Hauch von Furcht, denn Mr Andrews, der eine Rolle beim Bau des Schiffes gespielt hatte (er nannte sie sein Baby), hatte uns lachend versichert, dass es der Menschheit endlich gelungen war, ein unsinkbares Schiff zu bauen."*[16]

Irgendwann zwischen 21:25 und 21:40 Uhr verlässt Kapitän Smith die Dinnerparty der Wideners im Restaurant, um seinen Dienst wieder aufzunehmen. Major Butt und Marian Thayer führen ihre intensive und vertraute Unterhaltung fort. Major Butt ist durch seine Tätigkeit als aide-de-camp des amerikanischen Präsidenten und ganz besonders dem anstehenden Wahlkampf nervlich sehr belastet. In diesem Wahlkampf will sein früherer Dienstherr Roosevelt seinen jetzigen Dienstherrn Taft herausfordern – Butt ist mit beiden freundschaftlich verbunden, und es belastet ihn, dass Taft und Roosevelt gegeneinander antreten werden. Mit seinem Freund Francis Millet war Butt nach Europa gereist, um vor dem Wahlkampf ein wenig auszuspannen. Butt hatte bei dieser Gelegenheit ohne Millet Verwandte in England besucht und einige Tage mit ihnen verbracht. Nun kommt Butt mit jedem Tag den USA und damit dem Stress und der Anspannung wieder näher. Marian Thayer bietet Butt an, ihm am nächsten Tag einige Entspannungstechniken zu lehren, die sie selbst kürzlich in der Schweiz gelernt hat. Butt nimmt das Angebot an.

Auch in der 2. Klasse gibt es am Abend noch Musik – das Quintett zieht im hinteren Treppenhaus der 2. Klasse auf dem C-Deck auf, nachdem es sein Konzert im Empfangsraum vor dem Speisesaal der 1. Klasse beendet hat. Ab 21:15 Uhr wird für eine Stunde zur Unterhaltung der Passagiere gespielt. Das hintere Treppenhaus der 2. Klasse bietet auf jedem Deck Sitzgelegenheiten, doch manche Passagiere haben, um der Band zu lauschen, bei früheren Konzerten auf den Treppenstufen gesessen. Aber an diesem Abend fehlen wegen dem Choralsingen im Speisesaal einige Stammzuhörer, so z. B. Kate Buss, die bei den Auftritten des Quintetts an den vorhergehenden Tagen offenbar die Aufmerksamkeit des Cellisten geweckt hatte – und sie hatte den Mut gefasst und den Cellisten um ein Solo gebeten. Die Musiker wiederum hatten Kate Buss gefragt, ob sie die Sammlung für die Musiker zum Ende der Reise durchführen wolle – Kate Buss hat sich nach einigen Überlegungen dazu entschlossen.

---

[16] Zitiert in Quinn (1999), S. 42

Andere hingegen gehen früh schlafen – in der 1. Klasse zum Beispiel Colonel Gracie, der seinen Steward beauftragt hat, ihn am nächsten morgen früh zu wecken, da Gracie einige Termine gemacht hat – auf seinem Programm für den 15. April an Bord der *Titanic* stehen eine Squash-Partie, Betätigung im Fitnessraum und abschließend Schwimmen im Pool – alles vor dem Frühstück. In der 2. Klasse ziehen sich unter anderem die Browns früh zurück.

In der 3. Klasse organisieren die Passagiere ihre Unterhaltung selbst. Es findet mindestens eine lebhafte Party mit selbstgespielter Musik auf mitgebrachten Instrumenten statt. Die Atmosphäre ist gelöst und fröhlich, da man mehrheitlich voller Vorfreude auf die Ankunft in der Neuen Welt ist – viele begleitet dabei die Hoffnung auf ein besseres Leben. Anna Sjöblom, die wie so viele in der 3. Klasse mit einer Gruppe reist, jedoch fühlt sich einsam und hat Heimweh: Es ist ihr 18. Geburtstag, und sie vermisst ihre Familie und Finnland. – Etwas Aufregung gibt es im Aufenthaltsraum, als eine Ratte durch den Raum huscht. Die jungen Männer jagen das Tier, und die jungen Frauen kreischen wie es sich für Frauen gehört.

22 Uhr Schiffszeit *Titanic*

In der 3. Klasse ist den Passagieren gesagt worden, dass sie nach Möglichkeit ab 22 Uhr nicht mehr draußen sein sollen, und so ziehen sich nun viele in ihre Kabinen zurück, die sie oftmals mit Menschen teilen, die sie erst an Bord kennengelernt haben. Um 22:30 Uhr wird in der 3. Klasse das Licht ausgeschaltet.

In der 2. Klasse endet das Choralsingen etwas nach 22 Uhr. Stewards servieren Kaffee und Gebäck. Reverend Carter bedankt sich beim Zahlmeister dafür, dass der Speisesaal für das Choralsingen genutzt werden durfte. Bei seiner Ansprache blickt Carter auch auf den bisherigen Reiseverlauf zurück, der als fröhlich und sicher empfunden wurde. Und Reverend Carter blickt in die nahe Zukunft, in der die Ankunft in New York liegt, der alle mit großer Vorfreude entgegen sehen und die der Abschluss einer erfreulichen Reise sein wird.

Um 22:15 Uhr endet das Konzert des Quintetts in der 2. Klasse. Es wird ruhiger auf dem Schiff. Ein Sonntagabend auf einem britischen Schiff mitten auf dem Atlantik ist kein Ort für ausschweifende Vergnügungen, und das Ende der Öffnungszeiten der öffentlichen Räume rückt näher. Außerdem empfinden viele Passagiere die Räume als unangenehm kalt, was vermutlich ein weiterer Faktor ist, die eigene

Kabine aufzusuchen – entweder, um unter die Bettdecke zu kriechen, oder aber, sofern man in der 1. Klasse reist, die elektrische Heizung in der Kabine in Betrieb zu nehmen. Nur für Selena Cook (2. Klasse) ist es in ihrer Kabine etwas lauter: *„Ich muss Ihnen sagen, dass wir drei nette Männer neben unserer Kabine hatten, und sie machten eine Kissenschlacht und hatten ganz viel Spaß, als wir schlafen gingen."*[17]

Auch in der 1. Klasse geht man zur Ruhe. May Futrelle: *„Bevor wir uns zurückzogen, klagte mein Mann über leichte Kopfschmerzen. Wir waren beide in unsere Kabine gegangen. Fast jeder an Bord hatte sich zurückgezogen, bis auf die Männer, die sich im Qualm ihrer Zigarren im großartigen Rauchsalon unterhielten. Es herrschte eine Ruhe, wie man sie nur auf See findet. Ein leichtes Zittern des Schiffes war die einzige Sache, an der man merken konnte, dass man auf See war. Abgesehen davon konnte man den Eindruck haben, dass man sich in einem der großartigen Hotels in New York City befand."*[18]

Das Zittern des Schiffes, das von den Maschinen kommt, fällt auch Charles Stengel (1. Klasse) auf – doch er registriert eine Veränderung: *„Als ich mich gegen 22 Uhr zurückzog, konnte ich die Maschinen hören, und ich bemerkte, dass sie schnell liefen. Ich machte meine Frau darauf aufmerksam, dass die Maschinen schneller als jemals zuvor auf dieser Fahrt liefen. Mir fiel es auf, weil ich mit Maschinen im verarbeitenden Gewerbe vertraut bin."*[19]

Diese Beobachtung wird durch Mahala Douglas (1. Klasse) bestätigt: *„Als wir [Mr und Mrs Douglas] zu unserer Kabine C86 gingen, bemerkten wir beide, dass das Schiff schneller als jemals zuvor fuhr. Die Vibration auf der Treppe in der Mitte war deutlich spürbar."*[20]

Anderen fällt die Kälte auf, so zum Beispiel Jack Thayer, der 17jährige Sohn von John B. und Marian Thayer, die in der 1. Klasse reisen. Da seine Eltern bei der Party der Wideners sind, hat Jack an diesem Abend alleine am Tisch der Thayers im Speisesaal gespeist. Dann hat er die Bekanntschaft von Milton Long, einem allein reisenden Amerikaner gemacht und mit ihm längere Zeit geplaudert. Später geht Jack Thayer noch spazieren: *„[...] Ich zog einen Mantel an und drehte einige*

---

[17] Zitiert in Quinn (1999), S. 51
[18] Zitiert in Quinn (1999), S. 50
[19] Zitiert in Comption (2012), S. 79
[20] Zitiert in Quinn (1999), S. 43

Runden an Deck. Es war spürbar viel kälter geworden. Es war eine brillante, ster-nenklare Nacht. Der Mond schien nicht, und ich habe niemals die Sterne heller leuchten sehen. Sie schienen aus dem Himmel herauszuragen und funkelten wie geschliffene Diamanten. Ein ganz leichter Dunst, kaum merklich, lag tief über dem Wasser. Ich habe viel Zeit auf dem Ozean verbracht, doch habe ich niemals das Meer ruhiger gesehen als in jener Nacht. Es war wie ein Mühlenteich und es sah auch so unschuldig aus, als das große Schiff es still durchschnitt."[21]

Anna Sophia Warren (1. Klasse): *„Zur angegebenen Zeit gingen wir zu einem der oberen Decks, wo Mr Warren einen Spaziergang machen wollte, wie es seine Angewohnheit vor dem Schlafen gehen war. Allerdings sah er dieses Mal davon ab, denn die Temperatur war sehr deutlich gefallen, und die Luft war beinahe frostig, obwohl es eine wunderbare Nacht war, klar und von Sternen erleuchtet. Wir zogen uns um 22:30 Uhr Schiffszeit zurück und gingen sofort schlafen."*[22]

Die Kälte ist es auch, die Mrs White (1. Klasse) verärgert. Zwar kann sie ihre Kabine aus gesundheitlichen Gründen nicht verlassen, doch sie spürt den Temperatursturz deutlich: *„Alle wussten, dass wir in der Nähe von Eisbergen waren. Sogar in unserer Kabine war es so kalt, dass wir das Bullauge nicht offen lassen konnten. Es war schrecklich kalt. Es war außergewöhnlich kalt."*[23]

23 Uhr Schiffszeit *Titanic*

Um 23 Uhr schließen das a-la-carte-Restaurant, die Speisesäle der 1. und der 2. Klasse, die Empfangsräume vor den Speisesälen und das Verandacafé. Auch werden die Lichter in den Gängen auf Nachtbeleuchtung umgeschaltet. Noch geöffnet sind die Lounge der 1. Klasse und die Rauchsalons, aber auch sie werden bald schließen. Die Nachtruhe auf der *Titanic* breitet sich weiter aus. Und es gibt Passagiere, die frieren. In der 2. Klasse reist Imanita Parrish Shelley mit ihrer Mutter, Lutie Davis Parrish. Die Damen waren zuerst in einer Kabine untergebracht, die sie als „Zelle" bezeichneten, da sie so klein und so tief unten im Schiff war. Mrs Shelley war der Meinung, sie hätte für eine bessere Kabine bezahlt, doch als auf ihre über die Stewardess vorgetragene Beschwerde beim

---

[21] Zitiert in Quinn (1999), S. 51
[22] Zitiert in Quinn (1999), S. 51
[23] Zitiert in Comption (2012), S. 74

Zahlmeister nur die Antwort kam, dass er nach Queenstown schauen würde, ob wirklich ein Missverständnis vorlag, beschwerte sich Mrs Shelley schriftlich und betonte, dass sie krank sei. Auf die schriftliche Beschwerde hin folgte eine prompte Reaktion: Vier Stewards halfen Mrs Shelley und ihrer Mutter beim Umzug in eine neue Kabine, und von da an sah Dr. Simpson drei bis vier Mal am Tag nach ihr und wies sie an, in ihrer Kabine zu bleiben. Doch auch die neue Kabine entspricht nicht den Erwartungen von Mrs Shelley: *„… dieser Raum war genauso kalt wie die Zelle, aus der wir ausgezogen waren, und als wir den Steward darum baten, die Heizung anzustellen, sagte er, das sei unmöglich, da das Heizungssystem für die 2. Klasse nicht in Betrieb ist. Von allen Kabinen der 2. Klasse wurden nur drei – nämlich die ersten drei, die von der Heizung erreicht wurden – überhaupt geheizt, doch da war die Hitze so groß, dass die Bewohner sich beim Zahlmeister beschwert hatten und der dann befohlen hatte, die Heizung komplett abzustellen. Demzufolge waren die Räume die ganze Zeit wie Eishäuser."*[24] Später wird Mrs Shelley bei Passagieren der 3. Klasse nachforschen, wie dort die Temperatur in den Kabinen war, und Antworten erhalten, die ihre eigenen Erfahrungen bestätigen: Es gibt ein massives Problem mit der Heizung auf der *Titanic*, viele Kabinen sind während der Reise ungeheizt. In den Kabinen der 1. Klasse hingegen sind elektrische Heizkörper, die von den Passagieren selbst reguliert werden können, installiert. Aber auch dieses Heizsystem funktioniert nicht fehlerfrei, denn Antoinette Flegenheim, die regelmäßig zwischen New York und Charlottenburg bei Berlin pendelt, beschwerte sich am ersten vollen Seetag über einen Stromausfall in ihrer Kabine, der auch zum Ausfall der elektrischen Heizung führte. Antoinette Flegenheim wird später betonen, dass auf dem Nordatlantik eine funktionierende Heizung in der Kabine kein Luxus, sondern eine Notwendigkeit ist[25]. Diejenigen jedoch, die an das Heißluft-Heizungssystem angeschlossen sind, müssen damit leben, dass die Probleme bisher weder von den Bordingenieuren noch von der Garantiegruppe der Werft oder von Thomas Andrews gelöst werden können.

Allerdings fällt auch in der 1. Klasse die Kälte in den öffentlichen Räumen weiterhin unangenehm auf. Helen Bishop war zusammen mit ihrem Mann auf dem Heimweg von einer viermonatigen Hochzeitsreise nach Ägypten, Algerien, Italien

---

[24] Zitiert in Quinn (1999), S. 58
[25] Klistorner und Provost (2016), S. 15

und Frankreich: *„Wir bemerkten die intensive Kälte. Tatsächlich bemerkten wir es gegen 23 Uhr jene Nacht. Es war ungemütlich kalt in der Lounge."*[26]

Weniger kälteempfindlich ist Jack Thayer (1. Klasse), der dafür einen Blick für die Schönheit der Nacht entwickelt: *„Ich ging auf das Bootsdeck. Es war einsam und verlassen. Der Wind pfiff durch das Tauwerk und schwärzlicher Rauch quoll aus den drei vorderen Schornsteinen. Der vierte Schornstein war ein Dummy für Ventilationszwecke. Es war eine der Nächte, in denen man glücklich war zu leben. Gegen 23 Uhr ging ich in meine Kabine."*[27]

Um 23:30 Uhr schließt auch die Lounge der 1. Klasse. Nur der Rauchsalon bleibt noch eine halbe Stunde länger geöffnet. Ein paar Nachtschwärmer halten sich dort noch auf, darunter Algernon Barkworth, der die Passage in erster Linie aus Neugierde gebucht hatte. Er wollte sich einen eigenen Eindruck von der *Titanic* verschaffen. Nach einem Abend, an dem er an einer lebhaften Diskussion über Straßenbau beteiligt war, überlegt Barkworth bereits, sich in seine Kabine zurückzuziehen. Doch da es heißt, dass die Uhren um Mitternacht zurückgestellt werden, entscheidet sich Barkworth, bis zur Zeitumstellung im Rauchsalon zu bleiben.

Aber viele Passagiere sind bereits in ihren Kabinen. Es ist ein Sonntagabend auf einem Schiff mitten auf dem Atlantik, das sich mit jeder Minute weiter New York annähert – und das schneller als jemals zuvor auf dieser Reise. Möglicherweise ist der Montag schon der letzte Tag auf der *Titanic*, wenn denn, wie allgemein erwartet wird, die Ankunft am späten Dienstagabend erfolgt. Passagiere können dann noch bis zum Frühstück am nächsten Tag auf dem Schiff bleiben. Doch wer will, kann auch am Abend der Ankunft noch an Land gehen. Nur die Passagiere der 3. Klasse müssen die aufwändige Einwanderungsprozedur auf Ellis Island über sich ergehen lassen. Diese strenge Einwanderungskontrolle, die nur für Einreisende aus der 3. Klasse gilt, ist ein weiterer Grund für Einwanderer, die es sich leisten können, eine Überfahrt in der 2. Klasse zu buchen.

Lawrence Beesley (2. Klasse) ist seit 23:15 Uhr im Bett und liest. Dabei fällt ihm etwas auf: *„[...] Während dieser Zeit bemerkte ich die stärkeren Vibrationen des*

---

[26] Zitiert in Quinn (1999), S. 58
[27] Zitiert in Quinn (1999), S. 58

Schiffes, und ich vermutete, dass wir eine größere Geschwindigkeit fuhren als zu jeder anderen Zeit, seitdem wir Queenstown verlassen hatten.[...]"[28]

Die *Titanic* fährt also immer noch so schnell wie niemals zuvor auf dieser Reise. Die erhöhte Geschwindigkeit, die anderen Passagieren zuvor bereits aufgefallen war, war kein kleiner Zwischenspurt, sondern die *Titanic* jagt weiter durch die Nacht. Und warum auch nicht? Die Nacht ist klar, die See ist ruhig – so könnte eine Überfahrt auf dem als rau bekannten Nordatlantik immer sein.

Die von den Maschinen und Schiffsschrauben ausgelösten Vibrationen lassen viele Passagiere sanft in den Schlaf gleiten – man hat sich daran gewöhnt. Sie gehören auch irgendwie zu einer Schifffahrt dazu. Doch der bisherige Rhythmus der Seereise wird unterbrochen – ein kaum merkliches Ereignis tritt ein, das dennoch von vielen wahrgenommen wird, weil es die Monotonie unterbricht und so gar nicht zum bisherigen Verlauf der Reise passen will.

Lawrence Beesley (2. Klasse): *„ [...] dann trat das ein, was auf mich nicht mehr wirkte, wie eine zusätzliche Anstrengung der Maschinen und eine weitere gewöhnliche, deutliche Bewegung der Matratze, auf der ich saß. Nichts mehr als das, – kein krachendes Geräusch oder etwas in der Richtung, kein Eindruck von Schock, kein Misston wie er sein könnte, wenn sich zwei schwere Körper treffen. Und kurz darauf wiederholte es sich mit der gleichen Intensität. Es kam mir der Gedanke, dass sie nochmals die Geschwindigkeit erhöht hätten. [...]"*[29]

Jack Thayer (1. Klasse): *„Ich zog gerade meine Uhr auf – es war 23:45 Uhr, und ich wollte gerade ins Bett gehen, als ich leicht zu schwanken schien. Sofort wurde mir klar, dass das Schiff nach backbord abgedreht war, als wenn es sanft gedrückt wurde. Wenn ich ein Glas randvoll mit Wasser in meiner Hand gehabt hätte, wäre nicht ein Tropfen danebengegangen, so leicht war der Stoß."*[30]

Norman Chambers (1.Klasse): *„Ich bemerkte keinen starken Stoß; das bei weitem lauteste Geräusch war das von klirrenden Ketten, die an der Seite des Schiffes entlang schlugen. Das ging so schnell vorüber, dass ich annahm, dass irgendwas mit der Maschine auf der Steuerbordseite schief gegangen war."*[31]

---

[28] Beesley und Baak (2012), S. 29
[29] Beesley und Baak (2012), S. 31
[30] Zitiert in Quinn (1999), S. 61
[31] Zitiert in Comption (2012), S. 101

Major Peuchen (1. Klasse): „*Ich hatte gerade meine Kabine erreicht und begann mich auszuziehen, als ich den Eindruck hatte, eine große Welle hätte das Schiff getroffen. Es erzitterte irgendwie. Wenn Seegang gewesen wäre, hätte ich einfach nur gedacht, dass eine ungewöhnliche Welle das Schiff getroffen hätte, doch da ich wusste, dass es eine ruhige Nacht war und dass das eine ungewöhnliche Sache in einer ruhigen Nacht war, warf ich mir sofort einen Mantel über und ging an Deck. Als ich begann, durch das Große Treppenhaus zu gehen, traf ich einen Freund, der sagte: ‚Na, wir haben einen Eisberg gestreift.‘ Ich erinnere seinen Namen nicht. Er war einfach ein flüchtiger Bekannter, den ich getroffen habe. Er sagte: ‚Wenn Sie auf das oberste Deck gehen, sehen Sie das Eis auf dem vorderen Teil des Schiffes.‘*"[32]

Edwin Kimball (1. Klasse) muss nicht an Deck gehen, um zu wissen, was die Ursache für die Erschütterung ist: „*Am Sonntagabend war ich gerade vom Rauchsalon in meine Kabine gekommen und hatte meinen Mantel ausgezogen und stand in der Mitte des Raumes, als das Schiff den Eisberg streifte. Es erschien mir wie ein Kratzen und Reißen, mehr als ein Stoß. Es war auf der Steuerbordseite des Schiffes unter unserem Raum, und das Eis kam durch unser Bullauge.*"[33]

Einige Passagiere sehen den Eisberg sogar mit eigenen Augen, als sie direkt nach dem Stoß und dem merkwürdigen Geräusch aus dem Bullauge schauen, und staunen darüber, wie dicht der Koloss am Schiff ist – doch wenn die Bullaugen geschlossen sind, bleibt ihnen Kimballs Erfahrung erspart.

George Harder (1. Klasse): „*Wir waren in [der Kabine] E-50, das ist auf dem E-Deck. Um zwanzig Minuten vor zwölf schliefen wir noch nicht, und ich hörte diesen Bums. Es war kein lauter Bums, nur ein dumpfer Bums. Dann konnte ich spüren, wie das Schiff zitterte und ich konnte eine Art von rumpelndem, kratzendem Geräusch an der Schiffswand fühlen. Als ich zum Bullauge ging, sah ich diesen Eisberg vorbeigleiten. Das Bullauge war geschlossen. Der Eisberg war nach meiner Schätzung 50 bis 100 Fuß[34] entfernt. Ich denke, er reichte bis zum obersten Deck des Schiffes hinauf. Ich habe ihn nur flüchtig gesehen, und es ist schwer zu sagen, wie hoch er war.*"[35]

---

[32] Zitiert in Comption (2012), S. 116
[33] Behe (2011/1), S. 344
[34] 50 bis 100 Fuß = ca. 15 bis 30 Meter
[35] Zitiert in Quinn (1999), S. 70

Henry Sleeper Harper (1. Klasse): *„Unsere Kabine war ziemlich weit vorne an der Steuerbordseite und lag vielleicht 30 Fuß[36] oder mehr über der Wasserlinie. Meine erste Kenntnis davon war, dass ich von einem schleifenden Geräusch geweckt wurde, das von weit unter unserem Deck zu kommen schien. Es war kein lauter Krach; es war ungefähr so zu spüren, wie es zu hören war. In dem Moment, in dem ich von dem Geräusch geweckt wurde (…), saß ich aufrecht im Bett und sah aus dem nächstgelegenem Bullauge. Ich sah einen Eisberg nur ein paar Fuß[37] entfernt, scheinbar mit hoher Geschwindigkeit nach achtern jagend und dabei zerbröckelnd.“*[38]

Hugh Woolner (1. Klasse): *„Wir spürten es im Rauchsalon. Wir fühlten eine Art von Abstoppen, eine Art von, nicht direkt einem Schlag, sondern eine Art von langsamer werden. Und dann spürten wir eine Art von Reißen, das den ganzen Raum leicht zu verdrehen schien. Soweit ich sehen konnte stand jeder auf, und eine Anzahl von Männern ging durch die Schwingtüren an backbord nach draußen und lief zur Reling hinter dem Mast – ich glaube, dass dort ein Mast war – und die Reling direkt dahinter. Ich stand und lauschte den Überlegungen der anderen. Die Leute rätselten, was es gewesen sein könnte, und ein Mann rief: ‚Ein Eisberg ist achtern vorbeigetrieben.‘, aber wer das war, weiß ich nicht. Ich habe ihn seitdem nicht mehr gesehen.“*[39]

Doch nicht alle Passagiere in der 1. Klasse, die noch nicht in ihren Kabinen sind, messen dem Ereignis große Bedeutung zu. Zu angeregt ist man in der Unterhaltung oder zu beschäftigt mit dem Kartenspiel. Dorothy Gibson (1. Klasse), eine bekannte Stummfilmdarstellerin, gehört dazu: *„Wir blieben im Salon. Etwa eine halbe Stunde später spürten wir einen leichten Stoß. Keiner in unserer Gruppe dachte sich irgendetwas dabei, und für weitere 15 Minuten lachten wir und unterhielten uns.“*[40] Und auch die anderen, die nach draußen gegangen sind, um zu sehen, ob sie etwas sehen können, kehren zurück und nehmen ihre Kartenspiele oder Unterhaltungen wieder auf.

Auch in den anderen beiden Klassen an Bord spüren die Passagiere die Abweichung von der Normalität.

---

[36] 30 Fuß = ca. 9 Meter
[37] 1 Fuß = 0,3048 Meter oder 30,48 cm
[38] Zitiert in Quinn (1999), S. 70
[39] Zitiert in Quinn (1999), S. 74
[40] Zitiert in Quinn (1999), S. 74

Selena Cook (2. Klasse): *„Ich sprang zuerst aus dem Bett und sagte: ‚Oh, was machen diese Jungs für einen Lärm.' Dann hörte ich das schreckliche Schaben, so als wenn wir in einen Haufen Schotter gefahren wären, und dann war dieses schreckliche Spülen von Wasser und die Maschinen stoppten. Milley war sofort aus dem Bett und zog sich Schuhe und ihren großen Mantel an und sagte, dass sie nach oben gehen und nachsehen wollte, was Sache war, doch wir anderen drei saßen nur da und sahen uns an und Miss Brown[41] legte sich hin und sagte, dass sie schlafen wolle."[42]*

Elizabeth Catherine Brown (2. Klasse), die mit Ehemann und Tochter auf dem Weg von Südafrika in die USA ist: *„Die Passagiere hatten Berichte über Eisberge auf den Aushängen im Schiff gesehen, und natürlich haben wir mehr oder weniger unter uns darüber gesprochen, genauso wie wir die Geschwindigkeit des Schiffes diskutierten und darüber spekulierten, wann wir in New York ankommen würden. Mein erster Gedanke war: ‚Wir haben einen Eisberg gestreift.' Ich zog mir etwas an und wies meine Tochter an, sich anzukleiden. Ich ging zur Kabine meines Mannes, der noch schlief. ‚Wir haben einen Eisberg gestreift', sagte ich. ‚Zieh Dich sofort an.' Er dachte nicht, dass die Lage gefährlich wäre, aber ich drängte ihn, an Deck zu gehen und herauszufinden, was passiert sei."[43]*

Emily Badmann (3. Klasse): *„Ich war am Sonntagabend gegen halb elf ins Bett gegangen. Ich hatte eine Koje in der 3. Klasse, oben nahe dem Vorderteil auf der rechten Seite der* Titanic. *Ich wurde von irgendeinem Misston geweckt, der sich anhörte, als wenn das Schiff an Land schrammen würde. Wir waren zu viert in der Kabine. Eines der Mädels sah aus dem Bullauge und sagte, dass sie nichts sehen konnte."[44]*

Olaus Abelseth (3. Klasse): *„Ich glaube, es war gegen Viertel vor zwölf, als ich aufwachte. Und da war ein anderer Mann in der Kabine – zwei von uns in der gleichen Kabine – und er sagte: ‚Was ist das?' Ich sagte: ‚Ich weiß es nicht, aber wir stehen*

---

[41] Miss Brown = Amalia Brown, Köchin der Allisons, die mit ihren Kindern und Kindermädchen sowie der Zofe in der 1. Klasse reisen. Für die Köchin und den Chauffeur, deren Dienste auf der *Titanic* nicht benötigt werden, haben die Allisons Kabinen in der 2. Klasse gebucht.
[42] Zitiert in Quinn (1999), S. 79
[43] Zitiert in Quinn (1999), S. 84 f.
[44] *The Syracuse Herald* vom 23. April 1912, zitiert in Fitch et al. (2012), S. 147

besser auf.' Also standen wir auf, zogen uns an und wir beide gingen auf das Deck vorne im Schiff."[45]

Wer eine Kabine im Vorschiff auf dem untersten Deck hat, kann jedoch noch eine wirklich beunruhigende Erfahrung machen: Wasser sickert herein. Diese Kabinen werden von Auswanderern bewohnt, die üblicherweise ihr gesamtes Hab und Gut dabei haben.

Daniel Buckley (3. Klasse): *„In der Nacht des Schiffbruchs schlief ich in meiner Kabine auf der* Titanic *im Zwischendeck. Drei weitere Jungs aus dem gleichen Ort schliefen im gleichen Raum wie ich. Ich hörte einen schrecklichen Lärm, und ich sprang aus dem Bett und das erste, was mir auffiel, war, dass meine Füße nass wurden. Das Wasser begann, ganz leicht in den Raum zu fließen. Ich sagte den anderen Typen, dass sie aufstehen sollten, dass irgendetwas nicht stimmte und dass Wasser hereinkam. Sie lachten mich nur aus. Ich zog mich so schnell ich konnte an, und die anderen Typen standen auf. Der Raum war sehr klein, so dass ich nach draußen ging, damit sie Platz hatten, sich anzuziehen."*[46]

Doch nicht nur der Stoß oder das merkwürdige Geräusch fällt Passagieren auf, sondern auch das Stoppen der Maschinen kurz danach. Und es ist das Stoppen der Maschinen, das von den Passagieren als ungewöhnlich und irgendwie auch beunruhigend empfunden wird.

Charles Stengel (1. Klasse): *„ ... und als ich aufwachte, hörte ich einen leichten Krach. Ich schenkte dem keine Beachtung, bis die Maschinen stoppten. Als die Maschinen stoppten, sagte ich: ‚Das ist irgendwas Ernstes. Irgendetwas stimmt da nicht. Wir gehen besser an Deck.' Ich zog die Sachen an, die ich greifen konnte, und meine Frau warf sich ihren Kimono über, und wir gingen auf das oberste Deck und gingen dort umher."*[47]

Emily Ryerson (1. Klasse): *„Zum Zeitpunkt der Kollision war ich wach und ich hörte die Maschinen stoppen, aber ich fühlte keinen Stoß."*[48]

Jack Thayer (1. Klasse): *„Fast im gleichen Moment stoppten die Maschinen. Die plötzliche Stille war erschreckend und beunruhigend. Wie die unterdrückte Stille in*

---

[45] Zitiert in Quinn (1999), S. 80
[46] Zitiert in Quinn (1999), S. 88
[47] Zitiert in Quinn (1999), S. 76
[48] Zitiert in Quinn (1999), S. 77

einem Schlafwagen bei einem Stopp nach einer ununterbrochenen Fahrt. Nicht ein Geräusch außer der Brise, die durch das halb geöffnete Bullauge pfiff."[49]

Das Stoppen der Maschinen erschreckt in der Tat die Passagiere viel mehr als der Stoß und das Geräusch zuvor. Bei einer Transatlantikpassage, bei der die Maschinen üblicherweise mit voller Fahrt voraus laufen, ist das Stoppen auf hoher See etwas sehr Außergewöhnliches. Und noch mal außergewöhnlicher wird so ein Abstoppen in einer ruhigen Nacht ohne Seegang und ohne andere Indikatoren, die anzeigen, dass etwas außer der Reihe passieren könnte, wie z. B. der Einsatz des Schiffshorns. Nichts davon trifft für diese Nacht zu. Warum also hat die *Titanic* mitten auf dem Ozean gestoppt? – Die Passagiere, und da anscheinend ganz besonders die Frauen, sind neugierig und beginnen mit Nachforschungen. Ehefrauen schicken ihre Ehemänner, die oftmals lieber schlafen würden, auf Erkundungstour.

Die Countess of Rothes (1. Klasse): *„Ich wurde von einem leichten Stoß gefolgt von einem schabenden Geräusch geweckt. Ich schaltete das Licht an und sah, dass es 23:46 Uhr war, und ich wunderte mich über die plötzliche Stille. Gladys war nicht wach geworden und ich rief sie und fragte sie, ob es ihr nicht merkwürdig vorkam, dass die Maschinen gestoppt hatten. Als ich unsere Kabinentür öffnete, sah ich einen Steward. Er sagte, wir hätten etwas Eis gestreift."[50]*

Norman Chambers (1. Klasse): *„Auf dringendem Wunsch meiner Frau machte ich mich bereit herauszufinden, was passiert war. Sie blieb zurück und zog sich an. Ich warf mir ausreichend Kleidung über, einschließlich Mantel. Ich ging gemütlichen Schrittes nach oben bis zum A-Deck auf der Steuerbordseite. Dort bemerkte ich nur eine ungewöhnliche Kälte der Luft. Als ich über die Reling sah, konnte ich nichts in meiner Richtung entdecken."[51]*

Lawrence Beesley (2. Klasse) macht seine erste Transatlantikfahrt und ist gewillt, alles mitzunehmen, was sich ihm bietet. Er ist ein penibler Beobachter aller Vorgänge seit der Einschiffung am 10. April in Southampton. Die Erschütterung, die er bemerkt hat, als er im Bett lag und las, interpretiert er als den Verlust eines

---

[49] Zitiert in Quinn (1999), S. 77; die Brise, von der Jack Thayer berichtet, ist der Fahrtwind, denn nach dem Abstoppen der Maschinen ist weiterhin noch Fahrt im Schiff, das allerdings allmählich immer langsamer wird bis es letztendlich wegen dem fehlenden Antrieb komplett gestoppt ist.

[50] Zitiert in Quinn (1999), S. 78

[51] Zitiert in Comption (2012), S. 101 f.

Propellers. Und das ist für ihn Anlass genug, Nachforschungen zu unternehmen. Denn normalerweise fahren die Postdampfer ohne Unterbrechung bis New York durch, wenn sie den letzten Anlaufhafen in Europa verlassen haben. Beesley zieht nur mit einem Umhang über dem Schlafanzug und Schuhen an den Füßen los, um mehr herauszufinden. Der erste Mensch, den er trifft, ist ein Steward, der offensichtlich noch im Dienst ist und an einem Treppengeländer lehnt. *„Ich sagte: ‚Warum haben wir angehalten?' – Er antwortete: ‚Ich weiß es nicht, mein Herr, aber ich vermute, es ist nichts Ernstes.' – ‚Nun', sagte ich, ‚ich gehe an Deck und schaue mal nach', und schritt zur Treppe. Er lächelte mich nachsichtig im Vorübergehen an und sagte: ‚In Ordnung, mein Herr, aber es ist ziemlich kalt dort oben.' Ich bin sicher, dass er mich um diese Zeit für etwas verrückt gehalten hat, fast ohne Grund dort hinauf zu gehen, und ich muss gestehen, dass ich es selbst absurd fand, nicht in die Kabine zurückzukehren."*[52] – Zu dieser Zeit sind die Gänge in der 2. Klasse und auch das gesamte Bootsdeck noch menschenleer. Beesley trifft einen Bekannten, der ähnlich dünn angezogen ist wie er und auch durch das Stoppen der Maschinen an Deck getrieben wurde. Gemeinsam gehen die beiden in den Rauchsalon und erfahren dort, dass einer der Kartenspieler einen Eisberg hat vorbeitreiben sehen. Doch für keinen der Kartenspieler war es Anlass genug, weitere Nachforschungen anzustellen – sie haben lieber ihr Spiel fortgesetzt. Immerhin hilft diese Information den Neugierigen etwas weiter, weil man nun rätseln kann, was wohl mit der *Titanic* passiert sein könnte.

Olaus Abelseth (3. Klasse), der vor seiner Zeit als Farmer in den USA unter anderem als Fischer in Norwegen gearbeitet hat, ist auf dem vorderen offenen Deck der 3. Klasse: *„Dann war da ziemlich viel Eis auf der Steuerbordseite des Schiffes. Die wollten, dass wir wieder unter Deck gehen, und ich sah einen der Offiziere und fragte ihn: ‚Besteht irgendeine Gefahr?' Er sagte: ‚Nein.' Ich war nicht zufrieden damit, deswegen ging ich nach unten und sagte meinem Schwager und meinem Cousin, die im gleichen Bereich waren, Bescheid. Sie waren nicht in der gleichen Kabine, aber sie waren nur etwas weiter entfernt untergebracht. Ich sagte ihnen, was passiert war und dass sie besser aufstehen sollten."*[53]

Einige Passagiere haben den Eisberg mit eigenen Augen gesehen, andere haben Eis gesehen, das durch offene Bullaugen in ihre Kabinen oder in die Flure gefallen

---

[52] Beesley und Baak (2012), S. 32
[53] Zitiert in Quinn (1999), S. 85

ist, wieder andere dagegen haben nur den Zusammenstoß und das Stoppen der Maschinen gespürt. Manche haben inzwischen erfahren, dass die *Titanic* mit einem Eisberg kollidiert ist. Andere wissen immer noch nicht, was eigentlich passiert ist. Doch für alle ist es eine unerwartete Abweichung von der Normalität einer Transatlantikpassage, die ziemlich langweilig und eintönig sein kann. Außerdem sind jetzt alle, die diese Anomalie der Überfahrt bemerkt haben, natürlich neugierig, wie es weiter geht. Man möchte sich vielleicht auch seine Besorgnis nicht anmerken lassen, zumindest wenn man ein Gentleman ist, denn man ist doch auf der *Titanic* und durch nichts zu erschüttern. Die Frauen haben es da leichter; selbst in der 1. Klasse ist es gesellschaftlich akzeptiert, wenn eine Lady sich bei ungewöhnlichen Ereignissen Sorgen macht.

Dann passiert etwas, was für den Moment zur Beruhigung beiträgt: Die Maschinen beginnen wieder zu arbeiten! Es kann also nichts Schlimmes gewesen sein, was zu dieser kurzen Unterbrechung der Fahrt geführt hat! Es sieht so aus, als wenn die Gentlemen in den Rauchsalons, die sich durch das ungewöhnliche Ereignis nicht haben stören lassen, mit ihrer Einschätzung richtig gelegen haben.

Lawrence Beesley (2. Klasse), der in seiner dünnen Kleidung in der Kälte mächtig friert: *„Es waren nun mehr Menschen dort [draußen auf dem Deck], die über die Reling schauten und hin- und hergingen, einander fragend, warum wir angehalten hatten, aber ohne eine eindeutige Information zu erhalten. Ich stand einige Minuten an Deck, hielt mich durch hin- und hergehen warm und sah manchmal hinab auf die See, als gäbe es von dort einen Hinweis für unsere Verspätung. Das Schiff hatte seinen alten Kurs wieder aufgenommen und bewegte sich langsam durch das Wasser, mit etwas weißem Schaum auf jeder Seite. Ich denke, wir waren alle erfreut, das zu bemerken: es schien besser zu sein, als still zu liegen."*[54]

Doch es dauert nicht lange, bis die Maschinen wieder stoppen, was offenbar in den Kabinen besser beobachtet werden kann.

Jack Thayer (1. Klasse): *„Sehr kurz starteten die Maschinen wieder – langsam – nicht mit der hellen Vibration, an die wir uns gewöhnt hatten, sondern so, als wenn sie müde wären."*[55]

---

[54] Beesley und Baak (2012), S. 33 f.
[55] Zitiert in Quinn (1999), S. 82

Mahala Douglas (1. Klasse): *„Die Maschinen stoppten, sprangen dann wieder für einige Momente an und stoppten dann wieder."*[56]

Charlotte Collyer (2. Klasse): *„Einige Minuten später versuchten sie, die Maschinen wieder zu starten, doch nach einigem Husten und Rumpeln war wieder Stille."*[57]

Nach dem Abstoppen der Maschinen durchdringt ein lautes, röhrendes Geräusch das Schiff: Es wird Dampf abgelassen. Technisch bewanderten Passagieren ist klar, was das bedeutet: Da die *Titanic* bis zu diesem Ereignis mit voller Fahrt voraus gefahren ist, ist im wahrsten Sinne des Wortes viel Dampf auf den Kesseln. Der wird jetzt nicht mehr abgefordert. Somit steigt der Druck im Dampfkreislauf weiter und weiter an, bis durch das Öffnen von Sicherheitsventilen Dampf gezielt in die Atmosphäre entweichen kann und sich keinen anderen Weg sucht. Das ist erstmal noch kein Grund zur Besorgnis, es sei denn, man gehört zu den Personen, die dazu neigen, sich immer Sorgen zu machen. Doch was kann einer *Titanic* schon passieren? Dementsprechend schwer greifbar dürfte eine möglicherweise vorhandene unterschwellige Angst auch sein. Man ist doch sicher auf diesem Schiff, dem bisher größten gebauten. Man fühlt sich doch sicher auf der *Titanic*, oder? Man befindet sich auf dem größten Schiff der Welt, mitten auf dem Nordatlantik, fernab von Land und ohne ein sichtbares anderes Schiff in der Nähe, und dieses Schiff hat unerwartet gestoppt. Das hat doch nichts zu bedeuten, oder?

Ein Passagier hat sich einen Mantel über seinen Pyjama geworfen. An den Füßen trägt er Hausschuhe. So gekleidet versucht er, in Erfahrung zu bringen, was geschehen ist und warum die *Titanic* gestoppt hat: Es ist Joseph Bruce Ismay, der Generaldirektor der Reederei der *Titanic*. Ismay geht auf die Brücke, spricht mit dem Kapitän, erfährt, was passiert ist und hört die Einschätzung des Kapitäns, dass dessen Meinung nach das Schiff ernsthaft beschädigt ist. Auf dem Weg zurück in seine Kabine trifft Ismay auf den Chefingenieur, der zuversichtlich ist, dass die Pumpen den Wassereinbruch beherrschen können. Ismay behält sein Wissen für sich.

Und noch immer sind Passagiere dabei herauszufinden, was eigentlich geschehen ist und welche Auswirkungen das haben wird. In erster Linie denkt man dabei an die Ankunft in New York. Aber dieser Zwischenfall bringt Abwechslung in das Bordleben und bietet Gesprächsstoff. Es ist eine ausgezeichnete Möglichkeit, sich

---

[56] Zitiert in Quinn (1999), S. 90
[57] Zitiert in Quinn (1999), S. 90

mit Mitreisenden auszutauschen. Der Zeitpunkt ist allerdings ungünstig, da viele Passagiere bereits in den Betten liegen. Wer seine Neugierde nicht bezähmen kann, muss nun wieder aufstehen und sich ankleiden – oder jemand anderen überzeugen, erste Nachforschung aufzunehmen. Und so sieht man zum Teil kurios gekleidete Menschen in den Gängen und an Deck. Eleanor Cassebeer trägt einen Kimono und Hausschuhe, als sie sich auf den Weg macht herauszufinden, was los ist. Sie trifft erst Harry Anderson, einen Tischkollegen aus dem Speisesaal, und sie forschen zusammen weiter. Dann stoßen sie auf Thomas Andrews, einem weiteren Tischkollegen aus dem Speisesaal. Andrews, Konstrukteur der *Titanic*, ist sicherlich auch durch den Stoß und die darauf folgende Fahrtunterbrechung aus seiner Kabine gelockt worden. Und gibt es einen besseren Ansprechpartner als Andrews in dieser Situation? *„ [...] Andrews versicherte allen, dass wir absolut sicher seien und dass die Titanic absolut unsinkbar sei. Er sagte, dass sie in drei getrennte und individuelle Teile zerbrechen könnte und dass jedes Teil sich auf unbestimmte Zeit über Wasser halten könnte.“*[58]

Nicht jeder Passagier hat das Glück, Andrews zu treffen. Es sind in erster Linie die Stewards und Stewardessen, die von den Passagieren um Auskunft gebeten werden. Und wie alle Besatzungsmitglieder, die zu diesem Zeitpunkt Passagierkontakt haben, sind sie unbesorgt. Auch viele Passagiere machen sich, trotz aller Neugierde, keine weiteren Gedanken. Als ein Steward Lillian Bentham (2. Klasse) sagt, dass die *Titanic* vermutlich mit einem Fischerboot von Neufundland kollidiert ist, aber keine Gefahr besteht, legt sie sich direkt wieder schlafen[59]. Mary Hewlett (2. Klasse) beobachtet bei ihrem Erkundungsgang die Kartenspieler im Rauchsalon und hat den Eindruck, dass viele diese Fahrtunterbrechung wie einen Scherz betrachten und jeder das Schiff für „absolut unsinkbar" hielt[60].

Emily Ryerson (1. Klasse): *„Mein Ehemann schlief, also klingelte ich und fragte den Steward, Bishop, was los sei. Er sagte: ‚Man redet von einem Eisberg, Ma'am, und sie haben gestoppt, um nicht in ihn hineinzufahren.' Ich wies ihn an, mich zu informieren, wenn es Anweisungen gab. Es war bitterkalt, deswegen zog ich mir einen warmen Umhang über und sah aus dem Fenster (wir waren in der großen*

---

[58] *The Birmingham Press*, 29. April 1912, zitiert in Fitch et al. (2012), S. 151
[59] Fitch et al. (2012), S. 150
[60] Fitch et al. (2012), S. 150

Kabine auf dem B-Deck, ganz weit hinten) und ich sah die Sterne leuchten und eine sehr ruhige See, doch ich hörte keinen Lärm."[61]

George Harder (1. Klasse): *„Ich dachte, wir gehen an Deck um herauszufinden, was passiert war, welcher Schaden angerichtet wurde. Also zogen wir uns vollständig an und gingen an Deck und wir sahen ziemlich viele Leute, die miteinander sprachen, und keiner dachte, dass irgendetwas Ernstes geschehen sei. Es gab Bemerkungen wie: ‚Oh, es wird nur ein paar Stunden dauern, bis wir unsere Fahrt fortsetzen.'"*[62]

Ebenfalls an Deck ist Edith Rosenbaum (1. Klasse). Sie hat einen Eisberg an ihrem Kabinenfenster vorbeigleiten sehen. Rasch hat sie sich einen Mantel übergeworfen und ist an Deck gestürmt. *„Nicht mehr als fünf Passagiere standen an der Reling, als ich dort ankam. Verleger William Stead stand dort und sah stirnrunzelnd auf die Eisstückchen, die sich auf dem Deck verteilt hatten. Der Künstler Francis Millet kam den Gang von der Brücke herunter. ‚Was, sagen sie, ist das Problem?', fragte Stead. – ‚Eisberg', antwortete Millet. – Wir alle wandten uns mit neuem Interesse dem schwimmenden Berg in Weiß zu. Er war um einiges nach steuerbord abgetrieben und zeichnete sich unscharf und mysteriös in der samtenen Dunkelheit ab. – ‚Ja gut, ich schätze, es ist nichts Ernstes', sagte Mr Stead. ‚Ich gehe zurück in meine Kabine und lese. Tschüss!' – Wir anderen gingen nach vorne, nahmen Eisstücke auf und knautschten sie in unseren Händen. Jemand schlug eine Schneeballschlacht vor, doch dafür war es zu kalt."*[63]

Allerdings machen Passagiere auch Beobachtungen, die beunruhigender sind. May Futrelle, die ihren widerstrebenden Mann auf Erkundungstour geschickt hat, ist von ihm gebeten worden, bei Irene Harris in deren Kabine zu bleiben und ihr Gesellschaft zu leisten. Mrs Harris macht sich ernsthaft Sorgen und ist deswegen sehr angegriffen. *„Unsere Furcht wurde verdoppelt, als wir den rauen Klang des großen Gongs vorne hörten. Ich hatte Angst. Die Erklärung, warum der große Gong geläutet wurde, durchfuhr uns wie ein Blitz. Genau diesen Nachmittag hatte uns einer der Offiziere erklärt, dass dieser Gong als Signal dafür verwendet wurde, bei einem Wassereinbruch die wasserdichten Schotten zu schließen."*[64] Es muss

---

[61] Zitiert in Quinn (1999), S. 85 f.
[62] Zitiert in Quinn (1999), S. 86
[63] *Pageant* Oktober 1953, zitiert in Fitch et al. (2012), S. 151
[64] Zitiert in Quinn (1999), S. 86

also Wasser ins Schiff eindringen oder ein bevorstehender Wassereinbruch befürchtet werden. Warum sollte man sonst das Signal zum Schließen der Schotten geben?

Das Schließen der Schotten erfolgt auf den höher gelegenen Decks manuell[65], und es scheint dabei zu Problemen zu kommen. Dickinson H. Bishop (1. Klasse) zumindest macht eine merkwürdige Beobachtung: *„Es gibt da eine Sache im Hinblick auf die wasserdichten Schotten auf dem E-Deck. Es hat mit dem mechanischen Schließen zu tun. Irgendwie gab es eine Kupferplatte im Deck, und nach allem, was ich weiß – Ich weiß es nicht aus eigener Beobachtung, sondern nur von anderen, die ich auf dem Schiff kannte – sahen sie Besatzungsmitglieder irgendetwas mit Schlüsseln, wie man sie an den Absperrventilen in den Wasserversorgungen der Städte verwendet, an diesen Löchern im Deck machen, und als sie den Schlüssel dort platzierten, scheiterten sie daran, den einen auf der Seite zu drehen, und sofort gingen sie zur anderen Seite und konnten es auch nicht schließen. Sie sagten: ‚Es hat keinen Zweck. Wir werden es auf der anderen Seite versuchen.' Was das war oder wie ernst es war, weiß ich nicht."[66]*

Und es gibt weitere merkwürdige Beobachtungen zu machen, die für eine normale Transatlantikfahrt nicht normal sind. Major Peuchen (1. Klasse): *„Als ich zuerst aufs Deck kam, auf dieses obere Deck, kamen rund 100 Heizer mit ihren Seesäcken nach oben, und sie schienen das ganze Deck vor den Booten einzunehmen. Einer der Offiziere – ich weiß nicht, welcher, aber ein sehr durchsetzungsstarker – kam dazu und scheuchte die Männer vom Deck herunter. Es war eine herausragende Tat. Er trieb sie, jeden einzelnen Mann, wie eine Herde Schafe vom Deck herunter. Er trieb sie vor sich her, und sie verschwanden. Ich weiß nicht, wohin sie gingen, doch es war eine herausragende Tat. Sie leisteten keinen Widerstand. Ich bewunderte ihn dafür."[67]* – Üblicherweise trifft man als Passagier nicht auf Heizer. Heizer gelten zudem als raue Gesellen, die Konflikte mit Fäusten oder sogar ihren Schaufeln lösen. Major Peuchen jedoch sieht Heizer auf dem Bootsdeck im Bereich der Promenade der 1. Klasse. Dass sie mit Sack und Pack ihre

---

[65] In den Maschinen- und Kesselräumen können die wasserdichten Schotten per Knopfdruck von der Kommandobrücke aus geschlossen werden. Diese Einrichtung wurde in Berichten über die Sicherheitseinrichtungen der *Titanic* und auch ihrer älteren Schwester *Olympic* bereits damals deutlich betont.
[66] Zitiert in Quinn (1999), S. 87
[67] Zitiert in Quinn (1999), S. 92

Unterkünfte verlassen haben, wird an den mitgeführten Seesäcken deutlich. Die Anwesenheit der Heizer auf dem Bootsdeck ist ein klares Indiz dafür, dass unter Deck irgendetwas nicht mehr in Ordnung ist. Und dafür gibt es weitere Anzeichen, die je nach Lage der Kabine bemerkt werden können. Norman Chambers (1. Klasse): *„Als ich in die Kabine zurückkehrte, um mich vollständig anzuziehen, sah ich zum Steuerbordende unseres Ganges, wo eine Treppe zu den Unterkünften der Postleute und weiter vorne zum Gepäckraum und, glaube ich, dem Postsortierraum führte. Und oben an der Treppe entdeckte ich einige Postleute, die bis zu den Knien nass waren; sie waren gerade von unten gekommen und hatten die eingeschriebenen Postsendungen mit nach oben gebracht. Da die Tür im Schott im nächsten Deck offen war, konnte ich direkt in den Raum schauen, in dem die Koffer gelagert wurden. Der Raum war mit Wasser vollgelaufen; es stand bis zu 18 Inches oder 2 Fuß[68] unter der Decke. Wir standen dort und machten Späße über unser komplett durchnässtes Gepäck und über die Briefe, die man im Wasser treiben sehen konnte. Ich persönlich sah keine Gefahr, da das Wasser vorne vor dem Schott war. Während wir dort standen, kamen drei Schiffsoffiziere – ich achtete nicht auf ihren Rang oder ihre Abteilung – stiegen die erste Treppe hinunter und guckten in den Gepäckraum. Sie kamen sofort wieder rauf und sagten, dass wir kein Wasser mehr machten. Das war keine Ansage, sondern einfach eine Bemerkung, die sie untereinander machten.“[69]*

Ganz klar im Vorteil sind in dieser Situation die Passagiere, die der englischen Sprache mächtig sind. Wer die englische Sprache nicht spricht oder versteht, bemerkt an Verhalten von Mitreisenden dennoch, dass etwas vorgefallen sein muss, was weitere Nachforschungen erforderlich macht. Bertha Lehmann (2. Klasse): *„Ich hörte zwei Frauen in die Nebenkabine gehen. Ihre Stimmen klangen so, als wären sie sehr aufgeregt. Obwohl ich kein Wort von dem verstand, was sie sagten, wusste ich, dass irgendetwas geschehen war. Sie verließen ihre Kabine, und dann dachte ich, dass ich mich wirklich anziehen und herausfinden sollte, weswegen wir mitten in der Nacht abgestoppt hatten, denn ich wusste, dass wir nicht mehr fuhren.“[70]*

Wer den Kapitän der *Titanic* sieht, versucht seinem Gesichtsausdruck zu entnehmen, wie die Lage ist. Charles Stengel (1. Klasse): *„Dort waren nicht viele*

---

[68] 18 Inches = ca. 45 cm; 2 Fuß = ca. 60 cm
[69] Zitiert in Quinn (1999), S. 94
[70] Zitiert in Quinn (1999), S. 96

Menschen. Das war, wo die Rettungsboote waren. Wir kamen auf das Deck darunter, und der Kapitän kam nach oben. Ich nehme an, er kam von der Schadensermittlung zurück. Er machte ein sehr ernstes und sehr beunruhigtes Gesicht. Ich sagte dann zu meiner Frau: ‚Das ist eine sehr ernste Sache, glaube ich.' Ich glaube, Mr Widener und seine Frau – ich glaube, es war Mr Widener – folgten dem Kapitän die Treppen hinauf, und sie kehrten um. Ich nehme an, sie kehrten in ihre Kabinen zurück."[71]

Doch es gibt auch Passagiere, die vergeblich auf Informationen warten und sich sich selbst überlassen fühlen. Mahala Douglas (1. Klasse): *„Wir warteten einige Zeit. Als Mr Douglas die Kabine verließ, versicherte er mir, dass keine Gefahr bestand. Doch später ging Mr Douglas nach draußen um in Erfahrung zu bringen, was passiert war, und ich zog meine schweren Stiefel und meinen Pelzmantel an, um später an Deck zu gehen. Ich wartete im Flur, um alles zu hören und zu sehen, was mir möglich war. Es gab keine Anweisungen. Niemand klopfte an unsere Tür. Wir sahen keine Offiziere oder Stewards – niemand war da, um uns Anweisungen zu geben oder unsere Fragen zu beantworten."*[72]

So geht der 14. April 1912 auf der *Titanic* damit zu Ende, dass das Schiff abgestoppt auf dem Ozean liegt, der so spiegelglatt ist, wie ihn zuvor noch niemand gesehen hat. Es ist eine sternenklare, mondlose Nacht und einzig die bittere Kälte macht die Nacht unangenehm für alle, die draußen sind. Ebenfalls unangenehm ist das laute Röhren vom Dampf, der seit dem letzten Abstoppen abgelassen wird. Draußen an Deck werden Gespräche dadurch erschwert, und auch unter Deck hört man das Geräusch mehr oder weniger deutlich.

Einige Passagiere wissen, dass Wasser in das Schiff eindringt und erste Räume einschließlich Kabinen bereits geflutet sind. Was also wird die Schiffsführung machen? Teile vom Schiff evakuieren und die betroffenen Passagiere und Besatzungsmitglieder auf freie Plätze im unbeschädigten Teil des Schiffes verteilen? Wird die *Titanic* aus eigener Kraft weiterfahren können oder benötigt man Hilfe? Und vor allen Dingen: Wann wird man in New York ankommen? – Fragen, auf die der nun anbrechende 15. April 1912 Antworten bringen wird.

---

[71] Zitiert in Quinn (1999), S. 97 f.
[72] Zitiert in Quinn (1999), S. 98

Oben: *Die* **Republic** *(Baujahr 1903) – sie sank nach einer Kollision mit einem anderen Schiff im Januar 1909, nachdem alle Überlebenden der Kollision das Schiff verlassen hatten. Der damalige Zahlmeister der* Republic *war 1912 als 2. Zahlmeister auf der* Titanic*. Den Untergang der* Titanic *überlebte er nicht.*

Unten: *Die* **Baltic** *(Baujahr 1904), die alle Überlebenden der Havarie im Januar 1909 an Bord nahm. Der glimpfliche Ausgang des Untergangs der* Republic *schien die Annahme zu bestätigen, dass Schiffsunglücke mit modernen Dampfern keine schlimmen Folgen mehr hatten.*

(Beide Fotos: Sammlung Malte Fiebing-Petersen, Vorsitzender Deutscher Titanic-Verein von 1997 e. V.)

Edward John Smith, *Kapitän der* Titanic. *Er war am 27. Januar 1912 62 Jahre alt geworden und dienstältester Kapitän der White Star Line. Bereits 1907 hatte Smith sich einer Zeitung gegenüber dahingehend geäußert, dass er Schiffsuntergänge aufgrund der Entwicklungen im Schiffbau mittlerweile für undenkbar hielt.*
(Foto: Sammlung Malte Fiebing-Petersen, Vorsitzender Deutscher Titanic-Verein von 1997 e. V.)

George und Eleanor Widener. *Sie waren Gastgeber einer Dinnerparty im a-la-carte-Restaurant auf der* Titanic *am 14. April 1912. Besonderer Gast dieser Party war Kapitän Edward John Smith.*
(Fotos: Sammlung Malte Fiebing-Petersen, Vorsitzender Deutscher Titanic-Verein von 1997 e. V.)

Ebenfalls Gäste der Dinnerparty der Wideners waren **John B.** (oben links) und **Marian** (oben rechts) **Thayer**. Ihr Sohn **John B. junior** (unten links), genannt Jack, musste deswegen alleine am Tisch der Thayers im Speisesaal der 1. Klasse essen.

Bei der Dinnerparty saß **Major Archibald „Archie" Butt** (unten rechts), aide-de-camp des amerikanischen Präsidenten, neben Marian Thayer.

(Alle Fotos: Sammlung Malte Fiebing Petersen, Vorsitzender des Deutschen Titanic-Vereins von 1997 e. V.)

Nicht zur Dinnerparty der Wideners eingeladen war **Joseph Bruce Ismay** (oben), Vorstandsvorsitzender der US-amerikanischen IMM, zu der die White Star Line gehörte. Die White Star Line war 1869 von Ismays Vater gegründet worden. – Ismay hatte offenbar ein romantisches Interesse an Marian Thayer.

Ismay speiste am Abend des 14. April 1912 mit dem Schiffsarzt **Dr. O'Loughlin** (unten) im a-la-carte-Restaurant der Titanic. O'Loughlin war im Mai 1872 in die Dienste der Reederei getreten und mit 39 Jahren und 11 Monaten Zugehörigkeit zur Reederei deren dienstältester Offizier und vielen regelmäßig den Atlantik überquerenden Passagieren bekannt. Mit 62 Jahren war O'Loughlin zudem das älteste Besatzungsmitglied an Bord, denn er war drei Monate älter als Kapitän Smith.

(Beide Fotos: Sammlung Malte Fiebing-Petersen, Vorsitzender Deutscher Titanic-Verein von 1997 e. V.)

Auch die **Duff Gordons** waren am Abend des 14. April 1912 im Restaurant. Er war Landbesitzer und Fechter, nahm für Großbritannien an den olympischen Spielen von 1906 teil (die heute vom IOC nicht anerkannt werden) und gewann Silber mit dem Team. Für die Spiele 1908 war er an der Organisation des britischen Fechtteams beteiligt. Sie war eine bekannte Modedesignerin mit ihrem eigenen Label. Auf der Titanic reisten die Duff Gordons unter dem Pseudonym „Mr und Mrs Morgan". Auch Funktelegramme für die Duff Gordons wurden während ihrer Überfahrt mit der Titanic an „Morgan" adressiert.
(Beide Fotos: Sammlung Malte Fiebing-Petersen, Vorsitzender Deutscher Titanic-Verein von 1997 e. V.)

Mit **Kapitän Smith** (linkes Bild, rechts) auf der Dinnerparty und Dr. O'Loughlin mit Ismay im Restaurant, waren Chefzahlmeister **McElroy** (linkes Bild links) und Assistenzarzt **Dr. Simpson** (rechtes Bild) die hochrangigsten Besatzungsmitglieder im Speisesaal. Es ist auf Schiffen immer eine Ehre, an einem Tisch mit einem Schiffsoffizier zu sitzen; der Kapitänstisch ist dabei die höchste Auszeichnung.

Einer der Gäste am Tisch des Zahlmeisters und der Ärzte war **Thomas Andrews** (Bild links), der Konstrukteur der Titanic. Vom alten Schiffsarzt O'Loughlin wurde Andrews „Tommy" genannt.

(Alle Fotos: Sammlung Malte Fiebing-Petersen, Vorsitzender Deutscher Titanic-Verein von 1997 e. V.)

Bild rechts: Das **Ehepaar Straus** speiste am Abend des 14. April 1912 an einem Zweiertisch im Speisesaal. Beide stammten ursprünglich aus Deutschland; er kam aus der Nähe von Kaiserslautern, sie aus Worms. Sie gehörten zu den ältesten Passagieren an Bord.
(Foto: Sammlung Malte Fiebing-Petersen, Vorsitzender Deutscher Titanic-Verein von 1997 e. V.)

Bild links: **Major Arthur Peuchen** war ein kanadischer Geschäftsmann. Auch er speiste am Abend des 14. April 1912 im Speisesaal der 1. Klasse – zusammen mit anderen Kanadiern an Bord, darunter dem Ehepaar Allison, deren Tochter Loraine kurz dazu kam, damit sie den hübschen Speisesaal bewundern konnte. – Das Ehepaar Allison und ihre Tochter Loraine kamen beim Untergang der Titanic ums Leben.
(Foto: Sammlung Malte Fiebing-Petersen, Vorsitzender Deutscher Titanic-Verein von 1997 e. V.)

Zwei Überlebende der Titanic *veröffentlichten bereits kurz nach dem Untergang Bücher zum Thema:* **Colonel Archibald Gracie** *(Bild oben links), 1. Klasse, und* **Lawrence Beesley** *(Bild oben rechts), 2. Klasse.*
Arthur Ryerson *(Bild unten links), 1. Klasse, setzte sich dafür ein, dass sein 13jähriger Sohn Jack in ein Rettungsboot durfte.* **Daniel Buckley** *(Bild unten rechts) war einer der wenigen Passagiere aus der 3. Klasse, die vor dem amerikanischen Untersuchungsausschuss angehört wurden.*
(Alle vier Fotos: Sammlung Malte Fiebing-Petersen, Vorsitzender Deutscher Titanic-Verein von 1997 e. V.)

Vorderes offenes Deck der 3. Klasse

Das Bootsdeck
mit den Booten
2, 4, 6 und 8.

Das Bootsdeck
mit den Booten
10, 12, 14 und 16

Hinteres offenes
Deck der 3.
Klasse

Das A-Deck, das im vorderen Bereich mit Schiebefenstern
verglast war, im hinteren Bereich hingegen offen.

Die Titanic beim Auslaufen aus Southampton am 10. April 1912. – Die Beschriftungen wurden hinzugefügt. Ein weiterer Promenadenbereich für die 2. Klasse befand sich auf dem B-Deck (das ist das Deck unter dem A-Deck) achtern beim hinteren Mast. Dort war auch der Rauchsalon der 2. Klasse. Zwei Decks unter den offenen Decks der 3. Klasse, auf dem E-Deck, waren Gangwayluks.
(Foto: Sammlung Susanne Störmer. Ergänzungen: Susanne Störmer)

49

15. April 1912:
Mitternacht bis 2 Uhr

Mitternacht an Bord der *Titanic*, der 15. April 1912 beginnt. Das Schiff liegt gestoppt auf dem Nordatlantik und die Passagiere fragen sich, wann es weitergehen wird. Noch wird kein Gedanke daran verschwendet, ob es überhaupt weitergehen könnte. Vielmehr ist dieser unerwartete Stopp immer noch eine Unterbrechung der Routine einer Überfahrt. Und je länger diese Unterbrechung dauert, umso merkwürdiger erscheint sie. Wer bis jetzt noch gezögert hat, das warme Bett zu verlassen und womöglich in die Kälte an Deck zu gehen, um dort frierend Erkundigungen einzuziehen, überlegt es sich nun doch anders. Andere bleiben noch liegen. Man wird schon früh genug erfahren, was passiert ist, spätestens am nächsten Morgen beim Frühstück. Wer aufsteht und sich umhört, der trifft auf Mitreisende, die ebenfalls von Neugier getrieben ihre Kabinen verlassen haben. Passagiere kommen miteinander ins Gespräch, tauschen sich aus und diskutieren die denkbaren Optionen. Allerdings gibt es weiterhin nicht wirklich viel zu sehen. Eis auf dem Vorschiff auf dem offenen Deckbereich der 3. Klasse ist da schon echte Neuigkeit. Passagiere aus der 1. Klasse auf dem vorderen Bereich des A-Decks rufen den Passagieren aus der 3. Klasse auf deren vorderen Promenadendeck zu, dass sie doch bitte etwas Eis hinaufwerfen möchten. Junge Männer aus der 3. Klasse werfen lachend einige hastig geformte Eiskugeln nach oben.

In der 1. Klasse fordern inzwischen Stewardessen die Passagiere auf, die Bullaugen in ihren Kabinen zu schließen. Erfahrene Reisende wissen: Das Schließen von Bullaugen ist eine Maßnahme, um das Eindringen von Wasser in den Schiffsrumpf nach Kollisionen zu begrenzen. Aber das Schließen von Bullaugen erfolgt oft auch präventiv, wenn die Unfallgefahr wegen Nebel oder schwerem Wetter erhöht ist. Die Stewardessen geben allerdings vor, nicht zu wissen, was geschehen ist. Warum also das Schließen der Bullaugen? Die Nacht ist klar und windstill. Also doch eine Kollision, vielleicht mit einem anderen Schiff? Dagegen spricht jedoch, dass die Schotten, die oberhalb des Maschinenraums manuell zu schließen sind, trotz des von einigen Passagieren gehörten Signals nicht überall geschlossen werden. Norman Chambers (1. Klasse): *„Ich weiß, dass ich irgendwie überrascht war,* *dass diese Türen heutzutage nicht durch Elektrizität betrieben werden, doch das ist die Meinung eines Landbewohners. Tatsächlich wurden sie vom Deck darüber, dem E-Deck, bedient (...) Die Abdeckplatten des Mechanismus der Schotten wurden soweit ich es sagen kann nicht entfernt, ehe wir endgültig zu den oberen Decks gingen.“*[73]

Aber nicht nur die anhaltende Ruhe der gestoppten Maschinen fällt auf. Passagiere bemerken inzwischen auch, dass das Schiff nicht mehr horizontal im Wasser liegt. In einer windstillen Nacht wie dieser, ist das ein Anzeichen dafür, dass offenbar Wasser in den Rumpf eindringt. Major Peuchen (1. Klasse) ist draußen an Deck und steht bei seinem Landsmann Charles Hays: *„Ich bemerkte, dass das Schiff Schlagseite entwickelte, vielleicht eine halbe Stunde nach meinem ersten Besuch auf dem oberen Deck. Ich sagte zu Mr Hays: ‚Warum bekommt sie Schlagseite? Das sollte sie nicht tun, denn es ist völlig windstill und das Schiff hat gestoppt.‘ Ich dachte, das sähe ziemlich ernst aus. Er sagte: ‚Oh, ich weiß nicht. Dieses Schiff kann gar nicht untergehen.‘ Er hatte wirklich großes Vertrauen.“*[74]

Und Hays, Vorstandsvorsitzender der kanadischen Grand Trunk Pacific Railway, ist nicht der einzige, der dieses große Vertrauen in die *Titanic* hat. George Harder (1. Klasse): *„Ich ging zwei oder drei Mal um das Deck, als ich bemerkte, dass das Schiff sich deutlich nach steuerbord neigte. Also dachten Mrs Harder und ich, dass wir nach drinnen gehen und herausfinden sollten, ob es schon Neuigkeiten gab. Wir gingen nach drinnen und sprachen mit einigen Leuten und alle schienen der Meinung zu sein, dass es nichts Ernstes wäre. Ich sah Mr und Mrs Bishop, und ich sah Colonel und Mrs Astor und alle schienen der Meinung zu sein, dass wir nicht in Gefahr waren.“*[75]

Helen Bishop (1. Klasse): *„Wir sahen uns auf dem ganzen Deck um, gingen einige Male auf und ab, und einer der Stewards begegnete uns und lachte uns aus. Er sagte: ‚Sie gehen nach unten. Es gibt nichts, weswegen Sie sich fürchten müssten. Wir haben nur ein kleines Stück Eis gestreift und sind daran vorbeigefahren.‘ Also gingen wir zurück in unsere Kabine und legten uns schlafen.“*[76]

---

[73] Zitiert in Quinn (1999), S. 118
[74] Zitiert in Quinn (1999), S. 102
[75] Zitiert in Quinn (1999). S. 102
[76] Zitiert in Quinn (1999), S. 102

Auch die Chambers (1. Klasse) ziehen sich in ihre Kabine zurück, nachdem der Wassereinbruch augenscheinlich zum Stillstand gekommen ist – sie haben mit eigenen Augen gesehen, wie im Postraum das Wasser bis wenige Fuß[77] unter die Decke angestiegen ist, ehe es stoppte. *„Dann gingen meine Frau und ich in die Richtung unserer Kabine zurück, es waren nur einige Yards[78], und als wir unseren eigenen Gang bis zur Kabinentür heruntergingen, kam unser Kabinensteward vorbei und sagte uns, dass wir wieder ins Bett gehen könnten, dass wir nicht in Gefahr wären. Ich persönlich stimmte dieser Einschätzung zu."*[79]

Bei den Warrens (1. Klasse) ist man sich nicht einig, wie die Situation zu bewerten ist; im Alter von 63 und 60 Jahren gehören sie zu den älteren Personen an Bord – Anna Sophia Warren hat bereits die Rettungswesten herausgelegt, doch Frank Manley Warren hält das für überflüssig: *„Mr Warren sagte, dass absolut keine Gefahr bestand und dass das Schiff mit seinen wasserdichten Schotten völlig unmöglich untergehen könne und dieser Unfall nach menschlichem Ermessen unsere Ankunft in New York um drei bis vier Tage verzögern würde. Allerdings waren wir zu aufgekratzt, als dass wir in unserer Kabine bleiben konnten, also gingen wir wieder auf den Gang hinaus und sprachen sowohl mit Angestellten vom Schiff als auch mit Passagieren. Die vorherrschende allgemeine Meinung war, dass keine Gefahr bestand, mit Ausnahme der Äußerung des Mannes, der sagte, dass Wasser unten vorne eindrang."*[80]

Es beruhigt die Passagiere, dass weiterhin Elektrizität im Schiff verfügbar und deswegen auch Beleuchtung vorhanden ist. Zur gelassenen Atmosphäre in den Gesellschaftsräumen der 1. Klasse und an Deck trägt auch bei, dass die Musiker zu spielen beginnen – muntere Melodien zur unerwarteten Unterbrechung der Fahrt. Wenn die *Titanic* schon mitten in der Nacht mitten auf dem Nordatlantik abstoppt und bisher keine Anstalten macht, die Fahrt wieder aufzunehmen – was schon merkwürdig genug ist – scheint man an Bord gewillt zu sein, das Beste aus der Situation zu machen.

Auch in der 2. Klasse ist man noch nicht wirklich besorgt wegen des Abstoppens mitten auf dem Nordatlantik fernab von Land. Natürlich gibt es einige Frauen, die

---

[77] 1 Fuß = 30,48 cm
[78] 1 Yard = 3 Fuß = 0,9144m
[79] Zitiert in Quinn (1999), S. 102
[80] Zitiert in Quinn (1999), S. 111

sich Sorgen machen und Angst haben, aber diese Frauen sind Ausnahmen. Wer kurz an Deck war, zieht sich nun rasch wärmer an und sucht dann Freunde und Bekannte auf. Diese Unruhe auf den Fluren motiviert weitere Passagiere, die bisher in ihren Betten geblieben sind, aufzustehen, sich anzukleiden und an Deck zu gehen. Wobei es an Deck nicht wirklich viel zu sehen gibt und es dort weiterhin unangenehm kalt ist. Aber es gibt auch im Schiffsinneren Sitzgelegenheiten, wo man sich aufhalten und mit anderen austauschen kann. Wem es zu langweilig wird, der geht wieder in seine Kabine – einige bleiben wach und warten ab, was geschieht und ob die Maschinen wieder starten, andere versuchen, wieder einzuschlafen.

In der 3. Klasse haben einige Passagiere, deren Kabinen im vorderen Bereich sind, inzwischen festgestellt, dass Wasser in ihre Kabinen läuft oder sogar schon die Kabine geflutet hat. An anderer Stelle verhindern Stewards, dass die Passagiere wieder in ihre Kabinen gehen, da der Bereich flutet oder bereits geflutet ist. Manche Passagiere der 3. Klasse halten sich auf dem vorderen offenen Deck auf, wo viel Eis liegt. Dieses Eis ist während der Kollision mit dem Eisberg vom Eisberg abgebrochen und auf das Deck der *Titanic* gefallen. Aber viel mehr zu sehen gibt es dort nicht. Andere Passagiere der 3. Klasse sind aus eigenem Antrieb oder nach Aufforderung durch Stewards in den hinteren Bereich des Schiffes gegangen, wo alle Räume trocken sind. Auf dem hinteren offenen Deck der 3. Klasse gibt es ebenfalls nichts zu sehen. Angenehmer ist es im Schiffsinnern, wo man zumindest vor der beißenden Kälte geschützt ist.

Allerdings verbreiten sich nun besonders in der 1. Klasse die Berichte über deutliche Schäden am Schiff – der Squashraum, der sich tief unten im Rumpf befindet, flutet, was einige Passagiere auf ihren Erkundungsgängen mit eigenen Augen gesehen haben und davon nun anderen berichten. Andere erfahren von Besatzungsmitgliedern, dass erheblicher Schaden am Schiff entstanden ist, so z. B. die Hoyts von Dr. O'Loughlin. Der Schiffsarzt rät ihnen zudem, in ihre Kabine zurückzukehren und sich vollständig anzukleiden. Und die Postleute, die weiterhin bemüht sind, die Post in trockene Bereiche zu bringen, sagen forschenden Passagieren auf Nachfrage, dass sie die Lage für ziemlich ernst halten.

In der 3. Klasse wissen einige Passagiere, dass ihre Kabinen fluten oder sie haben Wasser auf den Gängen gesehen. Allerdings macht die Sprachbarriere es schwieriger, diese Information an Mitreisende weiterzugeben, wenn diese nicht die gleiche Sprache sprechen. Immerhin sind nasse Hosenbeine, die man bei Mitreisenden bemerkt, auch wenn man deren Sprache nicht spricht, ein deutliches Zeichen dafür, dass irgendwo Wasser im Passagierbereich der 3. Klasse eingedrungen ist.

In der 2. Klasse hingegen bemerkt man nur, dass das Schiff abgestoppt hat und eine Neigung zum Bug hin entwickelt, die zuzunehmen scheint. Das allein ist jedoch schon ungewöhnlich, besonders für eine so ruhige Überfahrt, wie man sie bisher erlebt hat.

Es gibt tatsächlich Anlass für Zweifel an der Sicherheit: Wer trotz der Kälte und des Lärms auf dem Bootsdeck geblieben ist, kann beobachten, wie Seemänner sich an den Rettungsbooten zu schaffen machen, sie abzudecken beginnen und für eine Beladung mit Passagieren vorzubereiten scheinen. Dabei gehen sie allerdings ruhig vor. Ist das eine Vorsichtsmaßnahme? Wird bereits jetzt der Transfer von Passagieren auf ein anderes Schiff vorbereitet? Heißt das womöglich, dass bereits in Kürze ein anderes Schiff vor Ort sein wird, um Passagiere zu übernehmen? Was für ein Pech auf der Jungfernfahrt, wenn die Passagiere auf hoher See auf ein anderes Schiff umsteigen müssen.

Und auch der Ton der Stewards schwenkt um. Statt den Passagieren zu raten, sich wieder in die Kabinen zu begeben und weiter zu schlafen, heißt es jetzt, dass alle Passagiere mit angelegten Schwimmwesten an Deck gehen sollen. Anscheinend will man die Passagiere beisammen haben. Damit es schnell geht, wenn das andere Schiff da ist? Auch Kapitän Smith weist Passagiere in der 1. Klasse persönlich entsprechend an. Algernon Barkworth (1. Klasse): *„Ich sah Kapitän Smith umgeben von einer Gruppe weinender Frauen, die ihm viele Fragen stellten. ‚Gehen Sie zurück in Ihre Kabinen, meine Damen‘, sagte er, ‚legen Sie Ihre Schwimmwesten an und kommen Sie zurück auf das Bootsdeck. Ich versichere Ihnen, es besteht keine Gefahr.‘ Ich dachte mir, das hört sich ziemlich übel an."*[81]

Zahlmeister McElroy leitet die Passagierabteilung (Victualing Department) und ist vielen Passagieren der 1. Klasse bekannt. Auch er informiert Passagiere, die sich im Eingangsbereich der 1. Klasse versammelt haben und der weiteren Entwicklung harren. McElroy fordert die Passagiere auf, in ihre Kabinen zu gehen, sich warm anzuziehen und sich darauf einzustellen, möglicherweise in die Rettungsboote gehen zu müssen. Der Zahlmeister bittet zudem darum, die Rettungswesten

---

[81] Zitiert in Edwards (1998), S. 12

anzulegen und Wolldecken mit an Deck zu bringen. Es sei alles eine reine Vorsichtsmaßnahme, um für alle Eventualitäten gerüstet zu sein.[82]

Auch in der 2. und in der 3. Klasse fordern Stewards nun die Passagiere auf, Schwimmwesten anzulegen und an Deck zu gehen. In allen drei Klassen sind Stewards Passagieren beim Anlegen der Rettungswesten behilflich. Nun gilt es also wirklich. Das ist eine ganz erhebliche Abweichung von der üblichen und auch erwarteten Routine. Eventuell muss man tatsächlich in die kleinen Rettungsboote steigen – mitten in der Nacht fernab von Land – und das auf der *Titanic*, dem größten Schiff der Welt, bei völlig ruhiger See und Windstille. Das kann doch eigentlich nicht wahr sein! Ist das alles nur ein böser Traum, aus dem einen der Frühstücksgong holen wird? Und dann stellt man nach dem Aufwachen fest, dass man in seinem Bett liegt und die *Titanic* weiter in Richtung Amerika dampft, und man freut sich, dass man die Ereignisse der Nacht nur geträumt hat. Denn früher, da waren Seereisen gefährlich, und viele Schiffe sind bis heute spurlos verschollen, ihre Schicksale ungeklärt. Andere Schiffe sind im Sturm an Küsten gescheitert und haben hunderte Menschen in den Tod gerissen. Doch das waren andere Zeiten und andere Schiffe! Vielleicht erinnern sich manche auf der *Titanic* noch an den Untergang der *Atlantic* der White Star Line, der Reederei der *Titanic*, am 1. April vor 39 Jahren, mit mehr als 500 Toten das bis dahin größte Schiffsunglück auf See[83]. Andere denken vielleicht an den Untergang der *Norge* der dänischen Thingvalla Linie 1904 nach einem Navigationsfehler nordwestlich von Schottland mit mehr als 600 Toten[84] – aber das war auch ein in die Jahre gekommener Auswandererdampfer. Dem gegenüber steht die Entwicklung der Dampfschifffahrt und auch die Erfindung des Funks, so dass das letzte große Unglück, in das die White Star Line verwickelt war, einen völlig anderen Verlauf nahm und das Vertrauen in die Schiffe zumindest der großen Reedereien deutlich gestärkt hatte:

---

[82] Fitch et al. (2012), S. 170

[83] Die *Atlantic* war auf dem Weg von Liverpool nach New York und hatte wegen Schlechtwetter Verspätung. Der Chefingenieur kam in seinen Berechnungen zu dem Schluss, dass der Kohlevorrat an Bord nicht mehr bis New York reichen würde. Deswegen entschied der Kapitän, Halifax anzulaufen, den nächstgelegenen Hafen. Auf dem Weg nach Halifax lief die *Atlantic* wegen eines Navigationsfehlers auf Felsen. Ob der an Bord der *Atlantic* vorhandene Kohlevorrat wirklich nicht mehr bis New York gereicht hätte oder der Chefingenieur sich nur verrechnet hatte, konnte nachträglich nicht mehr geklärt werden.

[84] Der Untergang der *Norge* ist bis zum 15. April 1912 das Schiffsunglück mit den meisten Toten auf dem Nordatlantik.

Die *Republic* war am 24. Januar 1909 nach einer Kollision mit einem anderen Schiff gesunken – aber erst, nachdem alle Passagiere das Schiff sicher verlassen hatten und die per Funk herbeigerufene Hilfe eingetroffen war. Da kann man doch jetzt wohl erwarten, dass sich die deutlich größere *Titanic* noch länger wird halten können als die *Republic* und selbstverständlich per Funk herbeigerufene Hilfe rechtzeitig ankommen wird, um alle an Bord zu übernehmen. Vielleicht kann die *Titanic* auch in Schlepp genommen werden? Colonel Gracie trifft auf jeden Fall schon Vorkehrungen für einen Transfer auf ein anderes Schiff: *„In meiner Kabine packte ich eiligst meine drei Taschen. Ich dachte, wenn wir auf ein anderes Schiff wechseln müssten, wäre es einfacher für den Steward, mein Gepäck aus meiner Kabine zu holen.“*[85]

In der 1. Klasse gibt es kein systematisches Vorgehen der Stewards, die Passagiere zu wecken und aufzufordern, mit angelegten Schwimmwesten an Deck zu kommen. So werden die Bishops, die sich wieder schlafen gelegt hatten, von einem anderen Passagier geweckt und aufgefordert, sich gut anzuziehen und mit nach oben zu kommen. Also stehen die Bishops wieder auf, ziehen sich warm an und gehen auf das Bootsdeck. Und das Beispiel der Bishops ist typisch für die 1. Klasse: Während einige Passagiere von ihren Kabinenstewards erreicht werden, andere in den öffentlichen Räumen oder an Deck vom Zahlmeister oder vom Schiffsarzt oder gar Kapitän persönlich informiert werden, werden noch wieder andere von Mitreisenden über die aktuellen Entwicklungen in Kenntnis gesetzt. Dabei wird die Lage des Schiffes von den Passagieren als so ungewöhnlich eingeschätzt, dass man Mitreisende tatsächlich nachts in ihren Kabinen stören darf.

In der 2. Klasse gehen die Stewards zwar wenig höflich aber dafür sehr effektiv vor. Lawrence Beesley ist mittlerweile wieder in seine Kabine zurückgekehrt: *„Ich zog zusätzliche Unterwäsche an und setzte mich aufs Sofa, um einige Zeit zu lesen. Da hörte ich durch die offene Tür das Hin- und Herlaufen von Leuten und eine laute Stimme von oben: ‚Alle Passagiere mit angelegten Schwimmwesten an Deck!‘“*[86] – Im weiteren Verlauf werden die Stewards die Kabinentüren aufreißen und den Befehl in jede Kabine der 2. Klasse rufen; die Stewardessen werden geholt und helfen dabei, die Kinder anzukleiden. Allerdings hat die brachiale Methode der Alarmierung in der 2. Klasse auch ihren Nachteil: Viele Passagiere ziehen sich nicht

---

[85] Zitiert in Quinn (1999), S. 111
[86] Beesley und Baak (2012), S. 35

56

warm genug an für die kalte Nacht; entweder, weil sie denken, dass sie bald wieder in ihre Kabinen zurückkönnen, oder aber weil sie glauben, dass ihnen keine Zeit mehr bleibt.

In der 3. Klasse ist es unruhiger – das Vorschiff flutet, und die dort untergebrachten Passagiere räumen ihre Kabinen, versuchen ihre Habseligkeiten vor dem Wasser zu retten. Die Mitglieder der einzelnen Reisegruppen alarmieren sich gegenseitig und versuchen gleichzeitig, zusammen zu bleiben. Die Sprachbarriere – die Bordsprache auf der *Titanic* ist englisch – erschwert in vielen Fällen die Kommunikation zwischen Besatzung und Passagieren zusätzlich[87]. Dass Gefahr zu drohen scheint, ist aber wegen dem Wassereinbruch im Vorschiff vielen Passagieren in der 3. Klasse bereits frühzeitig klar; offen ist nur das Ausmaß der Bedrohung. Anna Turja (3. Klasse) beobachtet die Finnin Maria Panula, die mit ihren drei jüngeren Kindern zusammen mit Anna Turja in einer Kabine untergebracht ist. Die beiden ältesten Söhne Maria Panulas haben eine Kabine im Vorschiff zugewiesen bekommen. Sie haben ihre Mutter und Geschwister und damit auch deren Kabinengenossin nach der Kollision geweckt. Der Ehemann und Vater Panula befindet sich bereits in den USA. Maria Panula, die in Finnland schon eine Tochter durch Ertrinken verloren hat, ist voll und ganz mit ihren Kindern beschäftigt und scheint von der Situation überfordert zu sein. *„Wir werden hier niemals lebend herauskommen"*, hört Anna Turja die Frau zu sich selbst sagen. *„Müssen wir denn alle ertrinken?"*[88] Anscheinend hilft niemand Maria Panula.

Auf dem Weg zum Bootsdeck stoppen Passagiere der 1. Klasse beim Zahlmeisterbüro, um ihre Wertsachen zurückzuerhalten, die sie dort in Verwahrung gegeben haben. Allerdings ist das Zahlmeisterbüro unbesetzt. Deswegen gehen die Wartenden bald weiter und folgen der Anweisung, auf das Bootsdeck zu gehen. Wer auf das Bootsdeck gelangt, stellt fest, dass es keine weiteren Anweisungen gibt – und man in der Kälte steht und warten muss. Aber man weiß nicht so recht, worauf man wartet. Dazu kommt der Lärm vom Dampf, der immer noch abgelassen wird. Matrosen, von denen immer mehr an Deck kommen, befreien weiterhin die Rettungsboote von den Abdeckplanen und treffen weitere Vorbereitungen, damit die Rettungsboote Insassen aufnehmen und zu Wasser gelassen werden

---

[87] Es gibt in der 3. Klasse der *Titanic* einen von der Reederei angestellten Dolmetscher. Ob er in der Unglücksnacht diese Tätigkeit ausgeübt hat, ist aus den verwendeten Quellen und den darin enthaltenen Berichten Überlebender aus der 3. Klasse nicht nachvollziehbar.
[88] (2017) Anna Sofia Turja Encyclopedia Titanica

können. Viele Passagiere gehen wegen der Kälte und des Lärms an Deck wieder zurück ins Schiffsinnere und warten dort die weitere Entwicklung ab.

Die Lounge der 1. Klasse befindet sich auf dem A-Deck. Hier finden sich Passagiere ein, die nicht länger in der Kälte des Bootsdecks stehen wollen. Man ist immer noch nah genug bei den Rettungsbooten, aber gleichzeitig geschützt in einem Innenraum des Schiffes. Dabei wähnt man sich weiterhin nicht wirklich in Gefahr, hält es vielleicht sogar für etwas übertrieben, dass die Passagiere sich mit Schwimmwesten an Deck begeben sollen. So hört Edith Rosenbaum, wie Washington Roebling, ein von einer längeren Europareise in die USA zurückkehrender Privatier aus Trenton, New Jersey, voller Zuversicht ist: *„'Was auch immer das Problem ist', sagte er, ,bezweifle ich, dass es ein echter Notfall ist. Die Titanic hat 15 wasserdichte Schotten, die sie unsinkbar machen. Ein Leck reduziert vielleicht ihre Geschwindigkeit um ein paar Knoten, aber es wird nicht viel mehr als das sein.'"*[89]

Andere Passagiere betreten den Fitnessraum, das sich im vorderen Bereich des Bootsdecks an der Steuerbordseite befindet und warten dort die weitere Entwicklung ab. Mary Eloise Smith (1. Klasse): *„Es gab einige Verzögerung beim Abfieren der Rettungsboote; wir hatten tatsächlich viel Zeit, um im Fitnessraum zu sitzen und mit einem anderen Gentleman und seiner Frau zu sprechen. Ich fragte meinen Mann immer wieder, ob ich bei ihm bleiben könne, anstatt in ein Rettungsboot zu gehen. Er versprach mir, dass ich das könne. Es gab keinen Tumult, keine Panik, und niemand schien sich besonders zu ängstigen; tatsächlich schienen viele Leute interessiert in dieses ungewöhnliche Ereignis zu sein, viele hatten die Überfahrt [über den Atlantik] bereits 50 bis 60 Mal gemacht."*[90]

Die Passagiere der 3. Klasse sammeln sich draußen auf den ihnen zugeordneten offenen Decks vorne und achtern oder im Schiffsinneren. Ihre wichtigsten Besitztümer haben sie bei sich – Anna Sjöblom zum Beispiel hat ihre Eisenbahnfahrkarte nach Tacoma und eine geringe Menge Geld in eine kleine Tasche genäht, die sie sich um ihren Hals hängt, damit sie sie nicht verlieren kann. Doch nicht alle glauben an eine Gefahr; auch in der 3. Klasse fühlt man sich sicher auf dem großen Schiff. Benoît Picard berichtet: *„... wir zogen uns an und gingen raus, und wir konnten nicht zurück. Ich wollte zurück und meine Sachen holen, aber ich konnte*

---

[89] *Pageant*, Oktober 1953, zitiert in Fitch et al. (2012). S. 172
[90] Zitiert in Comption (2012), S. 146

nicht. Die Stewards erlaubten es nicht. Sie zwangen uns, nach vorne aufs Deck zu gehen. Es gab keine verschlossenen Türen, die uns davon abhielten, zurückzukehren. Ich achtete nicht sonderlich darauf und ging an Deck. Die anderen Passagiere begannen zu streiten. Einer sagte, es sei gefährlich, der andere sagte, das sei es nicht. Einer sagte Weiß, der andere Schwarz. Anstatt mit den Leuten zu streiten, ging ich sofort zum höchsten Punkt. Die Zwischendeckpassagiere wurden, soweit ich es sehen konnte, von nichts und niemanden davon abgehalten, auf die oberen Decks zu gehen. Während ich auf dem Schiff war, erkannte keiner die wahre Gefahr, selbst die Stewards nicht. Es war ihre Pflicht zu versuchen, uns weis zu machen, dass es nichts Ernstes sei. Niemand wurde davon abgehalten, nach oben zu gehen. Sie versuchten, uns ruhig zu halten. Sie sagten: ‚Es ist nichts Ernstes.' Vielleicht wussten sie es selbst nicht besser. Ich erkannte es die ganze Zeit nicht, selbst bis zum Schluss nicht. Natürlich habe ich niemals geglaubt, dass so etwas passieren könnte."[91]

Das Bootsdeck der *Titanic*, auf dem sich auch die Rettungsboote befinden, ist in diverse Promenaden aufgeteilt – von der Brücke nach achtern gehend sind es: Offizierspromenade – 1. Klasse Promenade – Ingenieurspromenade – 2. Klasse Promenade. Die einzelnen Promenaden sind durch Zäune, in denen Pforten sind, voneinander getrennt. Die Rettungsboote befinden sich an der Offizierspromenade (Boote 1, 2, 3 und 4 sowie C und D), an der Promenade der 1. Klasse (Boote 5, 6, 7 und 8) und an der Promenade der 2. Klasse (Boote 9, 10, 11, 12, 13, 14, 15 und 16). Außerdem gibt es noch zwei Rettungsboote auf dem Dach der Offiziersquartiere (Boote A und B), die wie Boote C und D „Faltboote" sind, d. h. sie haben einen Boden aus Holz und Segeltuchwände, die vor dem Fieren erst aufgestellt werden müssen. Diese Faltboote können nur von den Davits der Boote 1 oder 2 aus zu Wasser gelassen werden. Die offenen Decks der 3. Klasse vorne und achtern haben keine Rettungsboote. Aber es gibt den Plan, gefierte Rettungsboote von einem Gangwayluk aus weiter zu beladen. Das ist eine Einstiegsmöglichkeit in die Rettungsboote für Passagiere aus der 3. Klasse. Die Passagiere in der 3. Klasse werden allerdings nicht darüber informiert, dass sie über die Gangwayluks in die Boote gelangen sollen. Letztendlich ist die deutlich schlechtere Kommunikation und die geringere Unterstützung für die Passagiere aufgrund des wenigen Personals ein weiterer Preis für die günstige Überfahrt. Aber wer rechnet schon damit, dass man auf der *Titanic*, dem größten Schiff der Welt, mitten in der

---

[91] Zitiert in Quinn (1999), S. 122 f.

Nacht zu den Rettungsbooten gerufen wird? Man fährt mit dem Schiff, weil das der einzige Weg in die Neue Welt ist. Man geht davon aus, dass nichts passieren wird und man auf der anderen Seite des Atlantiks unversehrt ankommt. Die Passagiere in der 3. Klasse bleiben überwiegend in ihren Bereichen und warten, wie die Passagiere in den anderen beiden Klassen auch, auf weitere Anweisungen. Nur wenige suchen bereits zu diesem Zeitpunkt einen Weg zum Bootsdeck. Denn noch ist kein Rettungsboot im Wasser.

Es hat noch niemand auf der *Titanic* wirklich begriffen, dass die bisher größte Evakuierung auf See anzulaufen beginnt – fernab von Land, ohne ein anderes Schiff in der Nähe zu haben, das die Passagiere aufnehmen könnte. Will man auf der *Titanic* wirklich die Boote zu Wasser lassen, ohne dass ein anderes Schiff die Insassen sofort aufnehmen kann? Das kann in stockdunkler, eiskalter Nacht auf hoher See doch nicht der Ernst des Kapitäns sein! Die Rettungsboote der *Titanic* sind offene Ruderboote, die keinen Schutz vor Kälte oder Nässe bieten. – Und wie lange, stellt sich der Kapitän vor, sollen die Passagiere in den Booten bleiben? Es ist bisher kein anderes Schiff in Sicht. Die Rettungsboote, die zudem noch über 20 Meter an Tauen hinabgelassen werden müssen, erscheinen den Passagieren deutlich unsicherer als die große, massive, solide *Titanic* mit ihren wasserdichten Schotten.

Es ist dem Kapitän ganz offensichtlich ernst. Die *Titanic* soll evakuiert werden – Passagiere werden tatsächlich aufgefordert, in die Rettungsboote zu steigen; an der Steuerbordseite sind die Boote 7 und 5 im Bereich der 1. Klasse bereits zum Einstieg bereit. Und in den Innenräumen fordern Stewards die Passagiere auf, an Deck zu den Rettungsbooten zu gehen. Doch bis jetzt ist die *Titanic* weiterhin allein auf weiter See. Kann man mit dem Einbooten nicht warten, bis ein anderes Schiff vor Ort ist? Oder erwartet man bereits in Kürze ein anderes Schiff bei der *Titanic*?

Noch sind weiterhin nicht viele Passagiere an Deck, die meisten halten sich in den Innenräumen auf, wo man vor der unangenehmen Kälte geschützt ist und der Lärm vom abgelassenen Dampf nur gedämpft zu hören ist. Soll man wirklich nach draußen an Deck in die Kälte gehen? Auch spielen die Musiker weiterhin im Bereich der 1. Klasse und tragen zur Unterhaltung der Passagiere, die drinnen die weitere Entwicklung abwarten, bei. 20 Jahre später wird sich May Futrelle erinnern: *„Viel wurde über die Band geschrieben. Ich erinnere den jungen kleinen Bandleader und wie komisch er aussah, als er jene Nacht in den Salon kam, denn* er hatte keine Zeit gehabt, seinen Kragen anzuziehen[92]. Sein Mantel war hochgeschlagen und lag um seinen Nacken. Das einzige moderne Stück, das er auf dieser Fahrt dabei hatte, war ,Alexanders Ragtime Band'. Er spielte es immer dann, wenn jemand nach etwas Angesagtem fragte. Er spielte es in jener Nacht, und dann einige klassische Stücke, und dann wieder diesen Ragtime."[93]

Antoinette Flegenheim kommt mit Blanche und William Greenfield sowie Alfred Nourney aus dem Treppenhaus auf das Bootsdeck an steuerbord: „Als wir nach draußen gingen, sahen wir Chief Officer Murdoch[94], der damit beschäftigt war, die ersten Boote klar zu machen. Es standen durchaus einige Leute herum und warteten, dass die Boote fertig wurden. Das Geräusch des abgelassenen Dampfes war schrecklich. Ich vermute, dass sie alle Kessel heruntergefahren hatten und nun den überflüssigen Dampf abließen, um Explosionen zu vermeiden. Da ich mich hastig angezogen hatte, hatte ich meinen Hut nicht richtig auf meinem Kopf befestigt, und an einer Stelle fiel er herunter, bevor ihn jemand fangen konnte. Mr Murdoch, der ein äußerst freundlicher Mann war, schnappte ihn sich, bevor er zu weit weg gerollt war und war so gütig, ihn mir zurück zu reichen; dabei sagte er: ,Halten Sie ihn fest, Lady, Sie werden ihn brauchen.' Dann wurde ein Boot bis auf eine Ebene mit dem Dollbord herabgelassen, auf Deckebene, und die Passagiere wurden aufgefordert, einzusteigen. Es gab überhaupt kein Gedränge."[95] Mit Antoinette Flegenheim steigen auch Blanche Greenfield, ihr Sohn William Greenfield und Alfred Nourney ins Boot. Es ist Boot 7, das als erstes Rettungsboot an Bord mit Passagieren beladen wird. Allerdings verspüren die Passagiere noch wenig Neigung, in das Boot zu steigen. Man hält die große *Titanic* einfach für sicherer als so ein kleines, hölzernes Boot. Und es ist ja auch noch kein anderes Schiff da, das die Insassen aufnehmen könnte. Aber es finden sich doch weitere Insassen, darunter zwei Gruppen von Kartenspielern, zu denen Dorothy Gibson, die bekannte Filmschauspielerin, und ihre Mutter gehören. Und auch ein Spitz ist mit im Rettungsboot. Er ist das Schoßhündchen von Margaret Hays, einer Schulfreundin von Olive Earnshaw, die nach ihrer Scheidung zusammen mit ihrer Mutter Lily

---

[92] Zu Zeiten der *Titanic* war Kleidung knapper als heute, und auch das Waschen der Kleidung war deutlich weniger stoffschonend. Bei Hemden waren die Kragen der Teil, der am schnellsten schmutzig wurde. Damit man nicht das ganze Hemd waschen musste, wenn der Kragen schmutzig war, konnte man die Kragen abknöpfen und separat waschen.

[93] Titanic International Society, Voyage 98, S. 74 f.

[94] Hier irrt Antoinette Flegenheim: Murdoch war 1. Offizier auf der Jungfernfahrt der *Titanic*.

[95] Klistoner und Provost (2016), S. 17

Potter und Margaret Hays eine Europareise unternommen hat. Eine weitere Insassin ist Helen Bishop (1. Klasse), die zusammen mit ihrem Mann in das Boot geht.

Als schwierig empfinden besonders die Frauen das Einsteigen in das Rettungsboot, das zwar bis auf Höhe des Bootsdecks hinabgelassen wurde, aber es klafft ein Spalt zwischen Schiffswand und Rettungsboot. Das Bootsdeck der *Titanic* liegt normalerweise rund 21 Meter über dem Meeresspiegel, das heißt, ein Fehltritt führt unweigerlich tief nach unten. Außerdem schwankt das Rettungsboot, das an den Davits befestigt ist, beim Einsteigen. Und es ist kein komfortabler Einstieg vorhanden, sondern direkt an die Reling des Rettungsbootes schließen sich Holzbänke an. Möglichkeiten zum Festhalten gibt es am Boot selbst nicht. Wer stolpert, läuft Gefahr, auf der anderen Seite des Bootes in die Tiefe zu fallen. Aber Seeleute sind den Frauen beim Einstieg in das Boot behilflich – sofern sich denn Frauen finden, die hinein wollen.

Der Einstieg in ein Rettungsboot von einem Gangwayluk aus wird ebenfalls nicht einfacher sein. Dann liegt das Boot zwar im Wasser, das in dieser Nacht spiegelglatt ist, aber vom Gangwayluk ins Boot muss man auch erstmal kommen. Das wird über eine Strickleiter, die sogenannte Jakobsleiter, gelingen, bedeutet aber eben auch eine Kletterpartie über mehrere Meter in die Tiefe, die für ältere Menschen und kleine Kinder vermutlich eine Herausforderung werden wird. Doch noch ist es nicht so weit, dass Boote von einem Gangwayluk aus beladen werden.

Ungefähr zu der Zeit, zu der Boot 7 zum Abfieren bereit ist, ebbt das Ablassen des Dampfes allmählich ab. Es wird deutlich ruhiger an Deck und man kann sein eigenes Wort wieder verstehen. Auch die Gespräche mit anderen werden draußen an Deck einfacher, man muss niemanden mehr ins Ohr brüllen. Das Einbooten geht derweil weiter. An der Steuerbordseite wird während der gesamten Evakuierung nach dem Schema „Frauen und Kinder zuerst, und wenn dann noch Platz ist, können Männer den auffüllen" vorgegangen. An der Backbordseite heißt es zwar auch „Frauen und Kinder zuerst", doch das wird als „ausschließlich Frauen und Kinder" interpretiert – an der Backbordseite sollen die Männer erst in die Boote gehen können, wenn die Evakuierung der Frauen und Kinder abgeschlossen ist. Doch vorerst werden an der Backbordseite noch keine Boote gefiert – der erste Plan erweist sich als schwer durchführbar und sorgt wohl auch für etwas Konfusion. Hugh Woolner (1. Klasse): *„Als ich zu den Rettungsbooten kam, war der Kapitän da. […] Er sagte: ‚Ich will, dass alle Passagiere runter auf das A-Deck* *gehen, denn ich beabsichtige, dass sie vom A-Deck in die Boote steigen sollen.' Ich erinnerte mich daran, dass ich beim Raufgehen bemerkt hatte, dass alle diese Glasfenster bis nach ganz oben geschoben waren*[96]. *Ich ging zum Kapitän, grüßte ihn und sagte: ‚Haben Sie nicht vergessen, dass alle diese Fenster geschlossen sind?' Er sagte: ‚Um Himmels Willen, Sie haben recht. Ruft die Leute zurück.'"*[97] – Unabhängig davon wird Boot 4 zum A-Deck hinabgelassen, und es versammeln sich dort auch Passagiere und warten. Besatzungsmitglieder haben den Auftrag erhalten, die Schiebefenster herunterzulassen, so dass Passagiere durch die dann offenen Fensteröffnungen in das Boot steigen können. Doch das Öffnen der Schiebefenster wird noch viel Zeit in Anspruch nehmen.

Auf der Steuerbordseite wird Boot Nummer 5 nur wenige Minuten nach Boot 7 gefiert. Joseph Bruce Ismay, der Vorstandsvorsitzende, hilft beim Einbooten mit. In Nummer 5 steigen unter anderem die Chambers, die Harders und Anna Warren. Frank Warren bleibt unbemerkt von seiner Frau auf der *Titanic* zurück. Die jungen Männer an Bord begleiten ihre Ehefrauen zu den Booten und sind auch eher bereit, in die Rettungsboote zu gehen, wenn sich ihnen die Möglichkeit bietet. Die älteren Männer hingegen ziehen es vor, auf der *Titanic* zu bleiben, selbst wenn sie, wie zum Beispiel an Boot 5, die Chance haben, einzusteigen. Vielleicht fühlen sie sich dem gesellschaftlichen Druck stärker ausgesetzt als die jüngeren Männer – oder die älteren Herren wollen Gelassenheit und Ruhe ausstrahlen und den Platz in den Booten den Frauen überlassen. In ihrer Welt wird Frauen schließlich nachgesagt, dass sie zur Hysterie neigen, und Männer haben in dieser Welt als das starke Geschlecht die Aufgabe, Frauen und Kinder zu beschützen. Jeder echte Gentleman weiß das. Jüngere Männer hingegen sehen anscheinend eher die Möglichkeit, ihre Ehefrauen als Beschützer zu begleiten und nicht der Fürsorge der Besatzung in dem Boot zu überlassen. Vielleicht sehen jüngere Ehepaare auch die Chance auf eine unerwartete gemeinsame Unternehmung. Jüngere allein reisende Männer sehen vermutlich die nächtliche Bootsfahrt mitten auf dem Atlantik als Abenteuer, und wenn man sie ins Rettungsboot lässt, steigen sie ein. Einer der verheirateten Männer, die ihre Frauen in ein Rettungsboot begleiten, ist Norman Chambers (1. Klasse), der seiner Frau in Boot 5 folgt: *„Als wir im Boot saßen und ich die Vorgänge auf dem Schiff*

---

[96] Im vorderen Bereich der Promenade auf dem A-Deck befinden sich Schiebefenster, die ganz geschlossen sind, wenn sie nach oben geschoben sind.
[97] Zitiert in Comption (2012), S. 120

bemerkte, fiel mir ein großer, junger Offizier in einem langen Mantel auf, der einem anderen Offizier befahl, in unser Boot zu steigen und das Kommando über die Boote auf unserer Seite zu übernehmen. Zum Abschied gab er unserem Offizier die Anweisung, an seiner Fangleine festzuhalten und zur Gangway zu rudern, wenn das Boot im Wasser war. [...] Ich erinnere insbesondere diese Unterhaltungen, da ich mich zu der Zeit über den Hintergrund des Befehls wunderte, denn ich war mir sicher, dass keine Türen in der Schiffsseite geöffnet worden waren.[98]

Als Boot 5 abgefiert werden soll, springen noch schnell zwei Männer in das Boot: Dr. Henry Frauenthal und sein Bruder Isaac Frauenthal. Niemand hindert die beiden daran, in das Boot zu gelangen. In Boot 5 befindet sich bereits Clara Frauenthal, die erst am 26. März 1912 Dr. Henry Frauenthal in Nizza geheiratet hat. Dr. Henry Frauenthal landet bei seinem Sprung ins Boot auf Annie Stengel und bricht ihr mehrere Rippen. Auch für Männer ist der Einstieg in ein Rettungsboot nicht einfach, doch von ihren wird erwartet, dass sie dieses Problem selbständig lösen.

Dass auch das Fieren keine einfache Sache ist, schildert George Harder: *„Als wir abgefiert wurden, wurde eine Seite schneller gefiert als die andere, doch letztendlich erreichten wir nach einigen Schreckmomenten sicher das Wasser. Das war der Mannschaft an Deck zu verdanken. Dort waren zwei oder drei Mann an jeder Seite, die das Tau abließen, und auf der einen Seite ließen sie das Tau schneller durchlaufen als auf der anderen Seite. Das sorgte dafür, dass das Boot beim Abfieren diese Position einnahm [zeigt es an] und wir alle dachten für einige Momente, dass wir alle rausgeworfen werden würden. Als wir uns dem Wasser näherten, sagte jemand, der Leckpropfen sei nicht gesteckt, und so fischten sie herum, um festzustellen, ob er steckte, und ich glaube, er steckte. Dann konnten sie das Boot nicht aus den Taljen lösen und dann fragten sie, ob jemand ein Messer hätte und keiner schien ein Messer zu haben. Letztendlich hatte ein Passagier ein Messer dabei und sie konnten einige Taue durchschneiden. Was das war, weiß ich nicht. Ich habe es so verstanden, dass es einen neuen patentierten Hebel gab, irgendeine Vorrichtung, die man ziehen musste, und das würde alles lösen. Was auch immer sie nicht wussten was dort war oder nicht, ich weiß es nicht. Ich vermute, sie wussten es nicht, denn es sah nicht so aus, als würden sie es bedienen können, und am*

---

[98] Zitiert in Compion (2012), S. 121 f.

Ende mussten sie auf ein Messer zurückgreifen."[99] Es denkt offensichtlich niemand darüber nach, dass durch das Zerschneiden der Taue die Davits von Boot 5 vorerst nicht mehr nutzbar sind. Damit kann zum Beispiel auch Boot 5 bei einer späteren Rückkehr zur *Titanic*, von der diesem Zeitpunkt noch ausgegangen wird, an diesen Davits nicht mehr an Bord geholt werden.

Als Boot 5 auf dem Wasser ist, rudert es davon. Der Offizier in dem Boot führt keinen der vor dem Abfieren erhaltenen Befehle – zum Gangwayluk zu rudern und das Kommando über die von der Steuerbordseite abgefierten Boote zu übernehmen – aus. In Boot 5 ist auch Helen Østby (1. Klasse), deren Vater auf dem Schiff geblieben ist: *„Als wir abgefiert wurden, war die* Titanic *merklich zum Bug hin abgesunken. Die Sterne schienen, aber es war stockfinster. Die See war ruhig. Als wir wegruderten, konnten wir die Lichter des Schiffes sehen, und die beleuchteten vorderen Bullaugen verschwanden allmählich.*"[100]

Während Boot 3 an steuerbord klar gemacht wird, keimt Hoffnung an backbord auf, wo noch immer kein Boot gefiert wurde. Aber man sieht an backbord ein Licht – die *Titanic* ist nicht alleine auf hoher See, sondern ein anderes Schiff ist in einiger Entfernung in Sicht. Bestimmt wird es schon bald bei der *Titanic* sein. Dann können die Boote die Menschen dort abladen und zurückkehren, um weitere Personen aufzunehmen und zum anderen Schiff zu bringen. Außerdem hat das andere Schiff Boote, die ebenfalls bei der Evakuierung der *Titanic* helfen können. Und vermutlich wird auch die Funkstation der *Titanic* um Hilfe bitten. Bestimmt eilen schon Schiffe aus allen Himmelsrichtungen zur *Titanic* – obwohl es Nacht ist und nicht jede Funkstation rund um die Uhr besetzt ist.

Das Gerücht, dass ein Schiff an der Backbordseite zu sehen ist, das zur *Titanic* kommen wird, beginnt sich auf der *Titanic* zu verbreiten. Allerdings halten einige Passagiere, die das Licht mit eigenen Augen sehen, für einen Stern. Olaus Abelseth (3. Klasse) sieht das Licht ebenfalls: *„Wir gingen alle nach oben an Deck und blieben dort. Wir gingen rüber zur Backbordseite, und wir standen zu fünft, schauten und dachten, wir sähen ein Licht. [...] Ein wenig später kam einer der Offiziere und sagte, dass wir ruhig bleiben sollten, denn ein Schiff käme. Das war alles, was er sagte. Er sagte nicht wann oder sonst was. Das war alles, was er sagte. Also sagte ich zu ihnen [den vier anderen, mit denen Abelseth an Deck war],*

---

[99] Zitiert in Quinn (1999), S. 137
[100] Providence Daily Journal, 15. April 1912 [sic!], zitiert in Fitch et al. (2012), S. 199

dass wir besser unsere Schwimmwesten holen, da wir sie nicht mitgebracht hatten. Also gingen wir nach unten und holten sie für uns alle. Als wir wieder an Deck kamen, trugen wir die Rettungswesten eine Zeit lang über den Arm."[101]

Noch ehe Boot 3 an der Steuerbordseite zu Wasser gelassen wird, wird eine Notrakete von der *Titanic* abgefeuert. Die Notrakete steigt an der Steuerbordseite vorne zischend in den sternenklaren Nachthimmel auf und zerplatzt in großer Höhe mit lautem Knall. Die Menschen an Deck verfolgen den Schweif der aufsteigenden Rakete mit ihren Augen, und als die Rakete zerbirst, werden ihre Gesichter in ein weißes Licht getaucht. Kollektiv wird geraunt: „Eine Rakete!" Und nun verstehen die Menschen, die diese Rakete gesehen haben, dass die Lage sehr ernst sein muss – trotz aller Beschwichtigungen seitens der Besatzung. Denn eine Rakete, von einem abgestoppten Schiff auf hoher See abgeschossen, kann nur eines bedeuten: Dieses Schiff ist dringend auf Hilfe angewiesen und versucht nun auch durch ein optisches Signal Unterstützung herbeizuholen. Es gibt immer noch Schiffe ohne Funk auf den Weltmeeren. Und die meisten Schiffe mit Funk haben nur einen Funker an Bord, der auch irgendwann mal schlafen muss. Vielleicht ist das Schiff, dessen Licht viele an Bord zu sehen glauben, eines der Schiffe ohne Funk? Oder ist schon Hilfe auf dem Weg, die durch die Rakete zum Havaristen gelotst werden soll? Stellvertretend für alle Passagiere wird an dieser Stelle Selena Cook (2. Klasse) zitiert: *„Als wir an Deck entlang gingen und versuchten, in ein Boot zu kommen, stieg die erste Notrakete auf und da wusste ich, dass wir in großer Gefahr waren, doch alle waren absolut ruhig und wir standen dort und sahen, wie ein Boot nach dem anderen beladen wurde.*"[102]

Die Passagiere, die bereits mit den Rettungsbooten 7 und 5 die *Titanic* verlassen haben, sehen die Rakete natürlich auch. Beim Einstieg wurde ihnen von der Besatzung noch versichert, dass sie spätestens zum Frühstück wieder zurück an Bord sein werden. Doch nun beginnen die Insassen der bereits gefierten Rettungsboote sich zu fragen, ob es wirklich ein Zurück auf das große Schiff geben wird. Und sie fragen sich, ob die Funker der *Titanic* bereits Kontakt zu anderen Schiffen aufnehmen konnten oder ob die Notrufe bisher ohne Antwort in der Atmosphäre verhallt sind. Die Aussicht, viele Stunden, vielleicht sogar Tage in einem offenen

---

[101] Zitiert in Comption (2012), S. 128
[102] Zitiert in Quinn (1999), S. 145

Rettungsboot mitten auf dem Nordatlantik verbringen zu müssen, ist wenig ermutigend.

Auf der *Titanic* bleibt es vorerst dabei, dass die Boote für die 1. Klasse im vorderen Bereich des Bootsdecks sind, wo mit der Evakuierung begonnen wird, die Boote für die 2. Klasse im hinteren Bereich – und so keine Boote für die 3. Klasse verfügbar scheinen. Von dem Plan, die bereits gefierten Boote von den hinteren Gangwaypforten aus weiter zu beladen, wissen Passagiere der 3. Klasse immer noch nichts. Letztendlich geben Stewards in der 3. Klasse die Anweisung, dass Frauen und Kinder mit angelegten Schwimmwesten auf das Bootsdeck kommen sollen. Wie sie den Weg aus dem Bereich der 3. Klasse zu den Rettungsbooten finden, bleibt ihnen überwiegend selbst überlassen. Viele bleiben jedoch vorerst weiter in den Bereichen der 3. Klasse im Schiffsinnern und auf dem Achterdeck.

Als drittes Boot wird Boot 3 gefiert, ein weiteres Boot an der Steuerbordseite. Und wie bei den ersten beiden Booten gilt auch hier: Frauen und Kinder zuerst, und wenn dann noch Platz ist, können Männer den auffüllen. Henry und Myra Harper gehören zu den Passagieren, die in das Boot steigen. Sie haben im Fitnessraum, der sich auf dem Bootsdeck befindet, die Entwicklung abgewartet und entschieden, dass es nun Zeit wird, in ein Boot zu steigen. Als Schoßhündchen haben sie einen Pekinesen dabei, der mit ins Boot genommen wird. Auch mit ins Rettungsboot kommt Henry Harpers Diener. Ebenfalls in Rettungsboot 3 steigen die Cardezas – Mutter und erwachsener Sohn – die die teuerste Suite an Bord gebucht haben. Frederic Spedden setzt seine Frau Daisy, seinen sechsjährigen Sohn Douglas mitsamt Polar, dem Kuscheleisbären, dem Kindermädchen und die Zofe von Mrs Spedden in das Boot und bleibt an Bord zurück – bis er dann kurz vor dem Abfieren selbst auch noch in das Boot steigt und so seine Familie und Angestellten begleiten kann. Charles Hays hingegen bleibt mit seinem Schwiegersohn Thornton Davidson an Bord zurück, während seine Frau Clara und seine Tochter Orian mit Boot 3 die *Titanic* verlassen. Charles Hays und Thornton Davidson haben die gleiche Möglichkeit wie Frederic Spedden gehabt, doch sie haben sich anders entschieden.

Als Boot 3 im Wasser ist, rudert es plan- und ziellos von der *Titanic* weg. Edith Graham (1. Klasse): *„… Die Männer sagten kein Wort. Die Frauen stritten ein wenig, weil einige von ihnen keinen Platz zum Sitzen hatten. Dann gab es viel Streit darüber, wie weit wir wegrudern sollten. Einige schienen zu denken, dass wir sehr nah [bei der* Titanic] *bleiben sollten, denn, so sagten sie, das Schiff würde* *sowieso nicht sinken. Andere waren dafür, weit weg zu rudern.*"[103] Doch wohin soll man rudern? Es gibt auf dem weiten, dunklen Ozean kein Ziel!

An der Steuerbordseite sind nun drei Boote bereits zu Wasser gelassen worden. An der Backbordseite stockt es immer noch. An dem Plan, Boot 4 vom A-Deck aus zu beladen, wird weiterhin festgehalten. Aber das Öffnen der Schiebefenster nimmt viel Zeit in Anspruch. Dennoch werden Frauen, die sich mit ihren Männern und Kindern in der geheizten Eingangshalle aufgehalten hatten, gebeten, auf das A-Deck zu gehen – die Männer sollen zurückbleiben. *„Das war der erste Moment, in dem wir überzeugt waren, in schrecklicher Gefahr zu sein. Doch die Männer gaben keinen Laut von sich. Sie begleiteten ihre Frauen mit der gleichen Lässigkeit zu der Tür, die auf das Promenadendeck führte, wie sie sie gezeigt hätten, wenn sie ihre Frauen zu einer Garderobe begleitet hätten.*"[104], erinnert sich May Futrelle. Doch weiter geht es dort erstmal nicht. Die Passagiere müssen warten, bis die Fenster geöffnet sind.

Im Rauchsalon der 1. Klasse sitzen vier Männer, augenscheinlich unbeeindruckt von dem, was um sie herum vorgeht. Archibald Gracie erkennt die Herren Millet, Moore, Butt und Ryerson[105], als er über das A-Deck von achtern nach vorne geht. Gracie erreicht das Bootsdeck und beginnt an der Backbordseite, beim Einbooten zu helfen. Und schon bald danach löst sich auch die Runde im Rauchsalon auf. Butt, Millet und Moore reisen ohne Angehörige, aber Ryerson hat Frau und Kinder mit an Bord.

Boot 8 ist das erste Boot an der Backbordseite und das vierte Boot insgesamt, das zu Wasser gelassen wird. An backbord gelten andere Regeln als an steuerbord, hier müssen die Männer auf dem Schiff zurückbleiben und die Ehefrauen ohne ihre Männer von Bord gehen. Ella White, die wegen einer Verletzung ihre Kabine die ganze Fahrt nicht verlassen hat und ohne Ehemann reist, ist bis auf das Bootsdeck und dort in Boot 8 gelangt. Ihre Zofe geht mit ihr ins Rettungsboot, ihr Diener bleibt an Bord zurück. Rückblickend stellt Ella White fest: *„Ich denke nicht, dass irgendeiner besonders tapfer war, denn keiner der Männer glaubte, dass es [das Schiff] untergehen würde. Wenn sie gedacht hätten, dass das Schiff untergehen würde, hätten sie nicht solche Scherze darüber gemacht. ‚Wenn Sie zurück-*

---

[103] Zitiert in Schillow (2017), S. 79
[104] Zitiert in Quinn (1999), S. 142
[105] Comption (2012), S. 124 f.

kommen, benötigen Sie einen Pass.' und ‚Morgen können Sie ohne Pass nicht wie-der an Bord kommen.' Sie hätten niemals diese Dinge gesagt, wenn sie geahnt hätten, dass das Schiff sinkt. Es gab überhaupt keine Aufregung. Niemand schien sich zu fürchten. Keiner war in Panik. Natürlich war da viel Pathos, als Ehemänner und Ehefrauen ihre Abschiedsküsse austauschten.‟[106]

1 Uhr Schiffszeit *Titanic*

Drei Boote sind bis 1 Uhr morgens gefiert – alle an steuerbord (Nr. 7, 5 und 3). An backbord wird gerade das erste Boot zu Wasser gelassen, Nr. 8. Die Countess of Rothes ist zusammen mit ihrer Cousine und ihrer Zofe an Bord des Rettungsboo-tes, doch die beiden Damen reisen ohne männliche Begleitung. Dagegen will Ida Straus den Mann, mit dem sie seit mehr als 40 Jahren verheiratet ist, um keinen Preis der Welt verlassen. Und Isidor Straus will keine Sonderrechte aufgrund seines Alters; er will trotz seiner 67 Jahre nicht mit den Frauen und Kindern zuerst von Bord gehen. Ida Straus' Zofe sitzt allerdings in Boot 8, sie trägt den Pelzmantel ihrer Arbeitgeberin, den diese ihr beim Einstieg in das Boot geschenkt hat. Ebenfalls in Boot 8 ist Sarah Daniels, die Zofe von Bess Allison. Sarah Daniels hatte nach der Kollision ihre Arbeitgeber geweckt, doch Hudson Allison hatte sich diese Störung verbeten. Also hat die Zofe auf eigene Faust nachgeforscht und ist auf diese Art und Weise letztendlich in Boot 8 gelangt. – Kapitän Smith gibt dem Seemann, der das Kommando in dem Boot hat, den Befehl, zu dem Schiff zu rudern, dessen Licht in der Ferne zu sehen ist, die Insassen dort abzusetzen und dann zur *Titanic* zurückzukehren, um weitere Passagiere aufzunehmen.

Die kleinen Rettungsboote wirken im Vergleich zur großen *Titanic* wie Nussscha-len. Und es scheint zu diesem Zeitpunkt, trotz der zunehmenden Neigung der *Titanic* zum Bug hin, vielen immer noch eine unsichere Sache zu sein, in eines der Rettungsboote zu gehen – und das womöglich noch ohne den eigenen Ehemann. Die *Titanic* ist mitten auf einem endlos erscheinenden Ozean, dem zweitgrößten der Erde, hunderte Kilometer vom nächsten Land entfernt. Die Rettungsboote sind aus Holz und offen, sie bieten keinerlei Schutz vor Wind und Wetter. Außer-dem sind Rettungsboote auf einem Ozean deutlich schwerer zu entdecken als ein großes Schiff wie die *Titanic*. Zudem dürfte vielen Passagieren an Bord bekannt sein, dass man in Seenotfällen solange wie möglich auf dem großen Schiff bleiben soll, weil es trotz allem auf einem Meer wie dem Atlantik sicherer ist als ein

---

[106] Zitiert in Quinn (1999), S. 150 f.

offenes Ruderboot aus Holz. Und es ist stockdunkle Nacht und eisig kalt. Wer sitzt da schon gerne in einem offenen Boot mitten auf dem Atlantik?

Die Menschen, die bereits in einem Rettungsboot auf dem Wasser sind, beobachten, wie die *Titanic* mit dem Bug voraus immer tiefer in die Fluten sinkt und erkennen nach und nach, wie ernst die Lage ist. Antoinette Flegenheim (1. Klasse/Boot 7): *„Da wir das erste Boot waren, das das Schiff verlassen hatte, hatten wir viel Zeit, die sich entwickelnden Ereignisse zu beobachten. Und zum ersten Mal seit der Kollision realisierten wir das volle Ausmaß der Situation. Der Bug der* Titanic *war unter Wasser verschwunden, und Raketen wurden vom obersten Deck abgefeuert. Das war ein ziemliches Schauspiel. Die Decks des Schiffes waren erleuchtet, jedes einzelne Bullauge erstrahlte mit Licht. Im Boot war jeder still, unsere Augen blickten gespannt auf das surreale Schauspiel."*[107]

Das nächste Rettungsboot, das zu Wasser gelassen wird, ist wieder ein Boot an der Steuerbordseite, Boot Nr. 1, eines von zwei Notfallbooten. Die Notfallboote sind beständig ausgeschwungen und sollen bei Manövern wie „Mann über Bord" schnell zum Einsatz kommen. Sie sind ebenfalls aus Holz, aber etwas kleiner als die regulären Rettungsboote. Boot 1 wird mit nur 12 Personen, davon zwei Frauen, als Insassen gefiert, darunter sind fünf Passagiere aus der 1. Klasse: die Duff Gordons mit ihrer Sekretärin Miss Francatelli, Charles Emil Henry Stengel und Abraham Lincoln Salomon; die anderen sieben sind Besatzungsmitglieder. Es stehen keine weiteren Menschen beim Boot, vielleicht, weil es in einem Bereich ist, zu dem bis zu diesem Zeitpunkt Passagiere keinen Zutritt hatten. Oder es liegt daran, dass von der Steuerbordseite der Brücke aus, ganz in der Nähe von Boot 1, Raketen abgefeuert werden. Ein Offizier hält deswegen Passagiere fern von diesem Bereich. Aber ein paar Menschen finden eben doch den Weg ins Boot. Charles Stengel, der seine Frau bereits in Boot 5 gesetzt hat, selbst aber nicht mit in das Boot gestiegen ist: *„Ich weiß nicht, was mich dahin führte, doch da war ein kleines Boot, was sie Notfallboot nannten, darin waren drei Personen. Sir Duff Gordon und seine Frau und Miss Francatelli. Ich fragte den Offizier – ich konnte sie nicht sehen, es war so dunkel, und ich nehme an, dass ich irgendwie aufgeregt war – ich fragte ihn, ob ich nicht in das Boot gehen könnte. Es war niemand sonst da, ich konnte keine Menschenseele sehen außer den Leuten, die an den Booten arbeiteten, und er sagte: „Springen Sie rein." Die Reling war ziemlich hoch – es war ein*

---

[107] Klistorner und Provost (2016), S. 17 f.

Notfallboot und es war beständig ausgeschwungen – ich sprang auf die Reling und rollte hinein. Der Offizier sagte dann: „Das ist die lustigste Sache, die ich diese Nacht gesehen habe!", und er lachte ganz herzlich. Das machte mir Mut. Ich dachte, dass es vielleicht doch nicht so gefährlich war, wie ich es mir einbildete."[108]

Beim Fieren von Boot 1 kommt es zu Problemen. Das Boot bleibt bereits kurz nach Beginn des Herunterlassens stecken. Und so baumelt Boot 1 vorne und hinten aufgehängt an den Davits an der Schiffswand meterhoch über dem Atlantik. Lady Duff Gordon (1. Klasse): *„Direkt neben uns [Boot 1] war ein Mann, der Raketen abfeuerte, und der ohrenbetäubende Lärm erhöhte den Schrecken, mitten in der Luft zu hängen, als eines der Seile zum Herunterlassen sich verfing und nur nach einer endlos erscheinenden Zeit gelöst werden konnte."*[109]

Mit Boot 1 ebenfalls im Wasser, sind an der Steuerbordseite die vier vorderen Boote gefiert. Das wären vier Boote, die potenziell von den Gangwayluks aus weiter beladen werden könnten, doch alle Boote entfernen sich von der *Titanic* ohne weitere Menschen aufzunehmen. Nun gibt es auf der Steuerbordseite noch vier weitere hölzerne Rettungsboote auf dem Bootsdeck, wo die 2. Klasse ihre Promenade hat und wo sich bereits Menschen gesammelt haben; Reisende, die dem Ruf gefolgt sind, mit angelegten Schwimmwesten an Deck zu gehen. Das nächste Boot wird jedoch an backbord vorne gefiert – Boot 6, ein weiteres Boot, das sich im Promenadenbereich der 1. Klasse befindet. Beim Beladen hilft der Kapitän höchstpersönlich. Und auch Major Peuchen (1. Klasse) hilft: *„Ich war mit dem Fieren des ersten Bootes an backbord fertig. Wir gingen dann zum nächsten Boot und taten dasselbe – Mast und Segel raus aus dem Boot*[110]*. Da war ein Rudergänger im Boot und ein Seemann, und wir setzten die Damen in das Boot. Nachdem das Boot seine Ladung an Damen hatte, gab es keine Damen mehr, die einsteigen wollten, oder wenn es noch andere Damen gab, dann wollten sie nicht einsteigen, denn wir riefen nach ihnen – das war an backbord – doch einige wollten ihre Ehemänner nicht verlassen. Ich sah eine Dame, die man von ihrem Ehemann wegreißen musste; er bestand darauf, dass sie ging, doch sie wollte nicht."*[111]

---

[108] Zitiert in Quinn (1999), S. 175 f.
[109] *Discretions and Indiscretions*, Lady Duff Gordon, S. 171 – 172, zitiert in Fitch et al. (2012), S. 209,
[110] Mast und Segel wurden auf Anweisung des Kapitäns oder des 2. Offiziers aus dem Boot entfernt, wie schon bei Boot 8.
[111] Zitiert in Quinn (1999), S. 162

Auch Major Peuchen geht am Ende mit Boot 6 von Bord: Als das Boot gefiert wird, fällt auf, dass nur zwei Seeleute an Bord sind; zu wenig, um das Boot überhaupt zu manövrieren. Als nach einem Seemann gerufen wird, bietet sich Peuchen an, da er Segler ist. Sein Angebot wird angenommen und er lässt sich an einem Tau ins Boot hinab. Unter den Insassen in Boot 6 ist Elizabeth Jane Rothschild (1. Klasse), die ihren Ehemann Martin Rothschild auf dem Schiff zurücklassen muss, aber der es gelingt, ihren Zwergspitz mit ins Boot zu nehmen. Ebenfalls in Boot 6 gelangt Margaret Tobin Brown (1. Klasse) aus Denver, eine Aktivistin für Menschenrechte und als Frauenrechtlerin bekannt[112]. Sie gehört zu den Frauen an Bord, die ohne erwachsene männliche Angehörige reisen. Diesen Frauen fällt es leichter, in ein Rettungsboot zu gehen, denn sie lassen kein Familienmitglied an Bord zurück. Etwas anders als Margaret Brown aus Denver ergeht es der 18jährigen Eloise Smith, die mit ihrem sechs Jahre älterem Mann Lucian zusammen auf der Rückfahrt von ihrer Hochzeitsreise nach Ägypten, dem Mittleren Osten und Europa ist. Die Smith' hatten im Februar 1912 geheiratet und haben ihre Hochzeitsabreise abgebrochen, als Eloise Smith bemerkt, dass sie im zweiten Monat schwanger ist. Nun sind sie auf der Backbordseite der *Titanic*; 20 Meter weiter auf der Steuerbordseite hätten sie problemlos gemeinsam in eines der ersten Boote einsteigen können. Doch auf der Backbordseite darf kein Mann in ein Rettungsboot, egal, wie lange das Paar bereits verheiratet ist. Eloise Smith: *„Als das erste Boot von der linken Seite gefiert wurde, weigerte ich mich, hineinzusteigen, und sie drängten mich nicht besonders. Beim zweiten Boot riefen sie nach einer weiteren Lady, um es zu füllen, und mein Ehemann bestand darauf, dass ich einstieg, nachdem meine Freunde bereits eingestiegen waren. In der Zwischenzeit stand Kapitän Smith mit einem Megaphon an Deck. Ich ging zu ihm und sagte ihm, dass ich alleine sei und bat darum, dass man meinem Ehemann vielleicht erlauben könnte, mit mir ins Boot zu gehen. Er ignorierte mich, aber rief ein weiteres Mal durch sein Megaphon: ‚Frauen und Kinder zuerst.' Mein Ehemann*

---

[112] Als nach dem Untergang der *Titanic* klar wird, wie viele der Männer umgekommen sind (80%) und wie viele Frauen gerettet wurden (76%), stellen Kritiker an der Forderung nach dem Wahlrecht für Frauen schnell heraus, dass statt nach „Votes for Women" (also Frauenwahlrecht) auf der *Titanic* nach „Boats for Women" (also Boote für Frauen) geschrien wurde. – Allerdings muss man bei dieser Statistik auch bedenken, dass die *Titanic* ein sehr männliches Schiff war: 75% der Personen an Bord waren Männer, 20% Frauen und 5 % Kinder bzw. Säuglinge. Und wenn man unter diesem Aspekt auf die Anzahl der Geretteten schaut, ergibt sich folgendes Bild: Von den 712 Überlebenden waren 45% Männer, 47% Frauen und 8% Kinder und Säuglinge.

sagte: ‚Kümmern Sie sich nicht darum, Kapitän; ich werde dafür sorgen, dass sie in das Boot geht.' Dann sagte er: ‚Ich habe niemals erwartet, Dich auffordern müssen, zu gehorchen, aber dieses eine Mal musst Du; es ist eine reine Formalie, dass die Frauen und Kinder zuerst gehen. Das Schiff ist bestmöglich ausgestattet, und alle auf ihm werden gerettet werden.' Ich frage ihn, ob er auch ganz ehrlich sei, und er sagte: ‚Ja.' Ich fühlte mich etwas besser, denn ich hatte absolutes Vertrauen in das, was er sagte. Er küsste mich zum Abschied und setzte mich mit der Unterstützung eines Offiziers in das Rettungsboot. Als das Boot herunter-gelassen wurde, rief er vom Deck: ‚Behalte die Hände in den Taschen; es ist sehr kalt.' Das war das letzte, was ich von ihm gesehen habe, und nun erinnere ich mich an die vielen Ehemänner, die dem kleinen Boot ihre Rücken zuwandten, als es heruntergelassen wurde, die Frauen waren herrlich arglos gegenüber dem Verderben, das ihre Ehemänner erwartete, und verabschiedeten sich in der Erwar-tung, sie innerhalb der nächsten ein oder zwei Stunden wiederzusehen."[113]

Wie schon Boot 8 erhält auch Boot 6 den Befehl, zu dem anderen Schiff, dessen Licht in einiger Entfernung zu sehen ist, zu rudern, die Passagiere dort abzusetzen und zur *Titanic* zurückzukehren, um weitere Passagiere aufzunehmen. Das andere Schiff scheint nah zu sein. Aber warum reagiert es nicht auf die Notraketen der *Titanic*, die weiterhin in unregelmäßigen Abständen abgefeuert werden? Viel-leicht kommt das andere Schiff, wenn es von den beiden Rettungsbooten, die auf dem Weg zu ihm sind, erreicht wird. Oder haben doch die Passagiere recht, die das Licht in der Ferne ganz einfach für einen hellen Stern halten?

Nun verlagert sich das Geschehen auf der Backbordseite ebenfalls nach achtern auf das Promenadendeck der 2. Klasse. Es haben auch Passagiere der 3. Klasse den Weg dahin bereits gefunden; einige von ihnen sind von ihrem Achterdeck über die Kräne nach oben auf das Bootsdeck geklettert, wo die Rettungsboote sind, andere haben sich einen Weg durch das Schiff gesucht und dabei Bereiche durchquert, die ihnen bisher verschlossen geblieben waren. Olaus Abelseth (3. Klasse): *„Da waren viele Zwischendeckleute, die auf einen der Kräne, die sie an Deck hatten und mit denen Dinge angehoben wurden, stiegen. Ich glaube, sie kön-nen bis zu 2,5 Tonnen heben. Diese Zwischendeckpassagiere krochen daran ent-lang, über die Reling und hoch auf das Bootsdeck. Viele taten das. Die Pforte war*

---

[113] Zitiert in Comption (2012), S. 147

verschlossen. Ich weiß nicht, ob sie abgeschlossen war, aber sie war zu, so dass sie diesen Weg nicht gehen konnten."[114]

Ob die Passagiere in der 3. Klasse weiterhin auf Anweisungen warten oder selbst die Initiative ergreifen, hängt sicher auch von der Tatkraft ab, die in der jeweiligen Reisegruppe vorherrscht. So wie die kleine Gruppe an Norwegern um Olaus Abelseth ausschließlich Anweisungen der Besatzung befolgt, ergreifen andere die Initiative, so zum Beispiel Passagiere aus Irland. Daniel Buckley (3. Klasse): *„Sie versuchten uns anfangs unten auf unserem Zwischendeck-Deck zu halten. Sie wollten nicht, dass wir überhaupt nach oben in den Bereich der 1. Klasse gingen. Ich weiß nicht, wer das war. Ich glaube, es waren Seeleute. [...] Die Pforte war nicht verschlossen, als wir versuchten, dort hinaufzugelangen, doch der Seemann oder wer auch immer es war, schloss sie ab. Also zerbrach der Kerl, der nach ihm nach oben ging, das Schloss. Alle Zwischendeckpassagiere gingen nach oben auf das Deck der 1. Klasse, als die Pforte aufgebrochen war. Sie gelangten alle nach oben. Sie konnten sie nicht unter Deck halten."*[115]

Die Unruhe an Bord nimmt mit zunehmender Neigung der *Titanic* zu. Nun ziehen mehr und mehr Passagiere doch in Erwägung, trotz der Kälte und der Nacht in die Rettungsboote zu gehen, selbst wenn noch kein anderes Schiff vor Ort ist. Immerhin heißt es mittlerweile an Bord, dass bereits Schiffe auf dem Weg zur *Titanic* sind. Und es fällt auch leichter, Promenadenbereiche zu betreten, die eigentlich einer anderen Klasse zugeordnet waren. Daisy Minahan (1. Klasse): *„Nach drei Versuchen, in ein Boot zu gelangen, schafften wir es in Rettungsboot Nummer 14. Die Menge, die um die Boote herum war, wurde allmählich widerspenstig. Offiziere riefen und fluchten Männern zu, zurückzubleiben und die Frauen in die Boote zu lassen. Als wir von einem Rettungsboot zum nächsten gingen, stolperten wir über große Haufen an Brot auf dem Deck."*[116] – Offensichtlich hat es Bestrebungen gegeben, Proviant zu den Booten zu bringen, doch anscheinend war niemand da, die Verpflegung in die Boote zu legen.

Eugene Daly (3. Klasse) beschreibt die von Daisy Minahan erwähnte Widerspenstigkeit etwas näher: *„Danach gingen wir zum Deck der 2. Klasse und die beiden Mädchen und ich stiegen in ein Boot. Ein Offizier rief mir zu, wieder auszusteigen,*

---

[114] Zitiert in Comption (2012), S. 128
[115] Zitiert in Comption (2012), S. 129
[116] Zitiert in Quinn (1999), S. 192 f.

doch ich regte mich nicht. Dann bekamen sie mich zu packen und zogen mich raus."[117]

Auch die Frauen und Kinder aus der 3. Klasse, die sich noch immer in ihrem Bereich aufhalten, werden nun aufgefordert, auf das Bootsdeck zu gehen. Olaus Abelseth (3. Klasse): *„Einige Zeit später standen die Mädels dort, und einer der Offiziere kam und rief, dass alle Frauen nach oben auf das Bootsdeck kommen sollten. Die Pforte wurde geöffnet, und diese zwei Mädels gingen nach oben."*[118] Der Weg führt über Außentreppen vom offenen Deck der 3. Klasse auf dem C-Deck zum unteren Promenadendeck der 2. Klasse auf dem B-Deck und dort durch den Eingangsbereich weitere Treppen im Treppenhaus der 2. Klasse nach oben auf das Bootsdeck. Im Treppenhaus der 2. Klasse gibt es keinen Ausgang zum A-Deck. Dadurch entsteht ein neues Problem: Auf der Steuerbordseite werden drei der vier Rettungsboote zum A-Deck heruntergelassen, so dass die Passagiere von dort aus einsteigen können. Im hinteren Bereich ist die Promenade auf dem A-Deck nicht verglast, so dass dieses Vorhaben besser gelingt als an backbord, wo Passagiere an Boot 4 immer noch darauf warten, in das Boot einsteigen zu können. Doch welche Passagiere sollen in die hinteren Boote der Steuerbordseite steigen?

Das A-Deck ist nur von der 1. Klasse aus direkt zu erreichen. Passagiere aus der 1. Klasse warten entweder bei Boot 4 backbord vorne oder wandern über das Bootsdeck, sofern sie sich nicht immer noch in den Innenräumen aufhalten. Die Passagiere aus der 2. Klasse und auch die Passagiere aus der 3. Klasse, die den offiziellen Weg auf das Bootsdeck gewählt haben, können direkt nur die Boote an der Backbordseite nutzen. Allerdings hat jemand mitgedacht und eine Leiter auf dem Deck der 2. Klasse auf dem B-Deck achtern angestellt. Über diese Leiter kommt man auf das A-Deck. Weitere Wege zu den zum A-Deck heruntergelassenen hinteren Rettungsbooten der Steuerbordseite führen entweder durch das vordere große Treppenhaus der 1. Klasse oder über Besatzungstreppen bei der Brücke vom Bootsdeck zum A-Deck. In beiden Fällen muss man Bereiche betreten, die zuvor tabu waren: Die Ingenieurspromenade, die Bootsdeckpromenade der 1. Klasse, von der aus es ins vordere Treppenhaus geht, wo auch die Musiker spielen, oder weiter über die Offizierspromenade zu der Besatzungstreppe bei der Brücke.

---

[117] Zitiert in Quinn (1999), S. 194
[118] Zitiert in Comption (2012), S. 129

Allerdings werden dort an der Steuerbordseite immer noch Raketen abgefeuert. Letztendlich gelangen aber Passagiere aus allen Klassen zu den hinteren Rettungsbooten der Steuerbordseite.

Nicht nur Ehefrauen aus der 1. Klasse wollen bei ihren Männern bleiben; auch für Frauen aus den anderen beiden Klassen stellt die erzwungene Trennung ein Problem dar. Bridget Elizabeth „Bertha" Mulvihill (3. Klasse) wird später sehr lebhaft davon berichten, wie Mrs Rice sich nicht von Mr Rice trennen will und deswegen mit den fünf Kindern auf dem Schiff bleibt[119] – allerdings ist Mrs Rice bereits seit etwas mehr als zwei Jahren Witwe. Sie reist mit den Kindern zurück in die USA, nachdem sie einige Zeit in Mrs Rices Heimat Irland verbracht haben. Ob Bertha Mulvihill die Geschichte nur erfunden hat oder ob sie eine andere Szene beobachtet und einen falschen Namen zugeordnet hat, lässt sich nicht mehr klären. Auf jeden Fall ist es keine exklusive Haltung der verheirateten Frauen in der 1. Klasse, dass sie unbedingt bei ihren Ehemännern auf dem Schiff bleiben wollen, sondern auch in den anderen beiden Klassen an Bord wollen Ehefrauen ihre Ehemänner nicht verlassen. Doch in vielen Fällen bestehen die Männer darauf, dass die Frauen ohne sie in ein Rettungsboot gehen – das trifft in erster Linie auf Paaren mit gemeinsamen Kindern zu.

Auch bei den hinteren Rettungsbooten bleibt es dabei, dass auf der Steuerbordseite Männer freien Platz in den Rettungsbooten besetzen können, wenn keine Frauen und Kinder mehr auf den Einstieg warten. An der Backbordseite hingegen müssen die Männer an Bord zurückbleiben, selbst wenn noch Platz im Boot sein sollte. Warum gehen die Männer nicht einfach zur Steuerbordseite? – Das Bootsdeck der *Titanic* ist von Reling zu Reling rund 28m breit. Es ist Nacht, und es gibt keine helle Beleuchtung an Deck. Auf dem Bootsdeck befinden sich Ventilatoren, Schornsteine und auch Aufbauten wie z. B. das erhöhte Dach über dem Rauchsalon der 1. Klasse, Treppenhäuser für die 1. und 2. Klasse, der Rauchsalon für Ingenieure, die Offiziersquartiere mit dem Funkraum, dem Fitnessraum und auch noch Kabinen für die 1. Klasse. Man kann also nicht einfach von einer Seite auf die andere schauen. Und so sieht man nicht zwangsläufig, was auf der anderen Seite vor sich geht. Außerdem sind an steuerbord drei der vier Rettungsboote zum A-Deck heruntergelassen worden, um von dort aus beladen zu werden, so dass sie vom Bootsdeck aus nicht mehr einsehbar sind. Und es gibt auch eine moralische

---

[119] Quinn (1999), S. 199

Erwartungshaltung an Männer und insbesondere an Gentlemen, den Frauen und Kindern und damit den Schwächeren den Vortritt zu lassen, die erfüllt werden will. Auch deswegen bleiben Männer auf der *Titanic*, obwohl sie an der Steuerbordseite sind und in ein Boot hätten einsteigen können.

Das nächste Boot wird an der Backbordseite gefiert – Boot 16, das hinterste Boot. Man arbeitet sich an backbord nun von achtern wieder nach vorne. Viele Passagiere aus der 3. Klasse gelangen an dieses Boot; Frauen und Kinder dürfen einsteigen, während die jungen Männer an Bord zurückbleiben. Sie beten zusammen mit einem Pfarrer, der in der 2. Klasse reist und sie segnet und ihnen Absolution erteilt. Es sind Irinnen und Skandinavierinnen, die in Boot 16 gelangen, und auch Stewardessen, die zwar zur Besatzung gehören, aber eben auch Frauen sind. Die große Anzahl junger Männer aus der 3. Klasse auf dem Bootsdeck beunruhigt viele, denn in der 3. Klasse reisen üblicherweise keine Gentlemen, und es erscheint fraglich, ob diese jungen Männer sich auch so an die Regeln halten wie die Herren aus der 1. und der 2. Klasse. Zudem scheinen viele der jungen Männer auch noch irgendwie südländisch auszusehen, was das Misstrauen weiter erhöht. Die große Menschenmenge und die große Anzahl junger Männer zusammengedrängt auf einem nun doch recht kleinen Bereich lässt Unordnung beim Beladen der Boote erwarten. Boot 16 kann dennoch geordnet gefiert werden. Unter den Insassen ist vermutlich auch Anna Sjöblom: *„Das Boot, in das ich letztendlich gelangte, war das vorletzte Boot, das zu Wasser gelassen wurde. Da waren bestimmt 50 Menschen drin. Das Rettungsboot war so überfüllt, dass ich auf dem Knie eines Mannes saß und eine Frau auf meinem Schoß hatte. Einige andere taten dasselbe. Da war kein Platz mehr für weitere Menschen in dem Boot.“*[120]

Vor Boot 14 ist es unübersichtlicher. Frauen und Kinder dürfen in das Boot steigen, in erster Linie sind es Reisende aus der 2. und der 3. Klasse, darunter Elizabeth Brown mit ihrer Tochter Edith und Esther Hart mit ihrer Tochter Eva. Die Ehemänner bleiben auf der *Titanic*. Elizabeth Catherine Brown (2. Klasse): *„Er [Thomas Brown] brachte uns zu Boot 14. Die Männer standen alle vom Boot zurück. Ich hörte einen Offizier drohen, dass er sie erschießen würde, wenn sie näher kommen würden. Das Boot war überwiegend mit Frauen gefüllt. Später fand ich heraus, dass wir 60 Personen darin waren. Wir standen oder saßen wo*

---

[120] Zitiert in Quinn (1999), S. 186

immer wir konnten in dieser dichtgedrängten Menge. Sie begannen, das Boot zu fieren. Es schien eine fürchterliche Entfernung zu sein. Ich sah zurück zu meinem Ehemann. Ich sah ihn weggehen. Wir hatten uns nicht voneinander verabschiedet."[121] Trotz aller Aufmerksamkeit der Besatzung beim Beladen dieses Bootes gelingt es mindestens einem männlichen Passagier aus der 3. Klasse in Boot 14 zu schlüpfen – er hat sich ein Tuch um den Kopf geschlungen und wird von der Besatzung für eine Frau gehalten.

Beim Abfieren von Boot 14 fallen dann Schüsse – es sind Warnschüsse. Der Offizier in dem Boot befürchtet, dass Männer vom Deck aus noch in das Boot springen könnten, deswegen schießt er an der Bordwand entlang, während das Boot weiter nach unten gelassen wird. Auf dem Wasser angekommen, bemerkt Elizabeth Brown: *„Es war schrecklich kalt. Die meisten Frauen schienen zu dünn oder nur halb angezogen zu sein.*"[122]

Im gleichen Rettungsboot ist Selena Cook (2. Klasse): *„Dann ruderte der Offizier uns von dem sinkenden Schiff weg und sammelte alle Boote, die nur 100 Yards von der Titanic entfernt waren und wir flehten ihn an, uns weiter weg zu rudern, damit wir nicht nach unten gesogen werden würden, doch er versicherte uns, dass alles in Ordnung sei. Die ganze Zeit beobachtete ich das Schiff, und es war ein großartiger Anblick und der vordere Teil des Schiffes sank allmählich tiefer in das Wasser.*"[123]

Nun verlagert sich das Geschehen an der Backbordseite weiter nach vorne zu Boot 12. In erster Linie steigen Frauen und Kinder aus der 2. Klasse ein, darunter Bertha Lehmann, die bei ihren Nachforschungen vom Cellisten der Schiffsmusiker die Information erhalten hat, dass ein anderer Dampfer kommen und die Passagiere der *Titanic* aufnehmen wird. Der Cellist ist Franzose, und Bertha Lehmann spricht zwar kein Englisch, dafür aber Französisch; so erhält auch sie Informationen. Boot 12 wird abgefiert und rudert von der *Titanic* weg. Zurück bleiben Ehemänner und Verlobte sowie männliche Verwandte der Frauen im Boot. Zwar ist Boot 12 nicht voll, doch an der Backbordseite bleibt man dabei: „Frauen und Kinder zuerst" heißt „Keine Männer in die Boote, solange noch Frauen und Kinder an Bord sind".

---

[121] Zitiert in Quinn (1999), S. 194 f.
[122] Zitiert in Quinn (1999), S. 198
[123] Zitiert in Quinn (1999), S. 198

Das Einbooten hat inzwischen an Tempo gewonnen. Die Boote sind alle zum Einstieg vorbereitet und die Passagiere gehen bereitwilliger in die Rettungsboote. An der Steuerbordseite werden die Boote voller beladen. Anscheinend hat man an dieser Seite den Plan aufgegeben, die abgefierten Boote von einem Gangwayluk aus weiter zu beladen. Und auch das Licht des anderen Schiffes, das vom Deck der *Titanic* aus zu sehen ist, scheint nicht näher zu kommen – trotz der Notraketen und trotz der Funksignale. Doch es heißt an Bord, dass andere Schiffe bereits auf dem Weg sind, so zum Beispiel die *Olympic*, das Schwesterschiff der *Titanic*, und die *Baltic*, die beim Untergang der *Republic* Passagiere und Besatzung an Bord genommen hat. Die Passagiere aus der 1. Klasse scheinen dabei besser informiert zu sein als die Passagiere aus den anderen beiden Klassen. Das kann daran liegen, dass Reisende in der 1. Klasse Vielreisende sind und daher Besatzungsmitglieder wie den Zahlmeister, Schiffsarzt und natürlich auch den Kapitän gut kennen und so ihre Informationen erhalten. Zudem kennen sich die Vielreisenden untereinander und tauschen sich ganz offensichtlich aus.

Ungefähr zeitgleich mit Boot 12 an der Backbordseite wird Boot 9 an der Steuerbordseite zu Wasser gelassen. Im Boot sind einige Passagiere aus der 1. Klasse, einige aus der 3. Klasse und mehrere aus der 2. Klasse, darunter Kate Buss und Marion Wright, die sich während der bisherigen Überfahrt angefreundet haben. Auch viele Besatzungsmitglieder gelangen in das Boot. Männliche Passagiere haben ebenfalls die Chance, in das Boot zu steigen, doch erneut nutzen nicht alle dieses Angebot. Douglas Norman und Dr. Alfred Pain (beide 2. Klasse) bleiben auf dem Schiff, genau wie Benjamin Guggenheim (1. Klasse), der mit seiner Geliebten Leontine Aubart reist. Leontine Aubart steigt mit ihrer Zofe in Boot 9. Guggenheim glaubt weiterhin daran, dass die *Titanic* nach einer Reparatur wieder weiterfahren wird, man sich also an Bord wieder treffen wird.

Bereits kurz nach Boot 9 wird an der Steuerbordseite auch Boot 11 abgefiert. Es sind sehr viele Menschen in diesem Boot, allerdings auch viele Besatzungsmitglieder neben Passagieren aus allen drei Klassen. Boot 11 wird vom A-Deck aus beladen; Stewards helfen den Passagieren in das Boot hinein. Denn auch vom A-Deck muss man klettern, um in das Boot zu gelangen. Philipp Mock (1. Klasse) bietet Edith Rosenbaum (1. Klasse) seine Hilfe an: Er lässt sie auf sein Knie steigen, damit sie von dort aus den Schritt ins Boot machen kann. Zu den Insassen von Boot 11 gehören Alice Cleaver, das Kindermädchen der Allisons, mit dem Säugling Trevor Allison. Der Rest der Familie Allison, Hudson, Bess und Loraine, sowie der Chauffeur der Familie bleiben auf dem Schiff. Die Köchin der Familie, die wie der Chauffeur in der 2. Klasse untergebracht ist, während die anderen Mitglieder der Reisegruppe in der 1. Klasse reisen, gelangt ebenfalls in ein Rettungsboot.

Auch Boot 13 wird vom A-Deck aus beladen und nur wenige Minuten nach Boot 11 zu Wasser gelassen. Neben Passagieren sind auch viele Besatzungsmitglieder an Bord, und ein weiteres Mal haben Männer die Chance, freie Plätze aufzufüllen. Die Ehepaare Beane und Caldwell (beide 2. Klasse), letztere mit ihrem Kleinkind, sind in diesem Boot, und auch Iren und Skandinavier aus der 3. Klasse, darunter vermutlich Daniel Buckley: *„Als das sechste Rettungsboot klargemacht wurde, stand eine große Anzahl Männer auf dem Deck, Passagiere und Seemänner und Heizer durcheinander. Und sie sprangen alle rein. Also sagte ich mir, dass ich auch mein Glück versuchen wollte. Zu der Zeit waren dort keine Frauen. Ich ging in das Boot. Dann kamen zwei Offiziere vorbei und sagten, dass alle Männer aus dem Boot raus sollten. Und sie hatten viele Zwischendeckpassagiere dabei, und es war ein bunter Haufen, Damen und Herren. Sie sagten, die Herren könnten rauskommen und die Damen einsteigen. Die Männer im Boot kämpften zuerst und wollten nicht rausgehen, doch die Offiziere zogen ihre Revolver und feuerten Schüsse über unsere Köpfe ab, und dann stiegen die Männer aus. Sechs Männer blieben im Boot zurück; ich glaube es waren Heizer und Seeleute. Ich weinte. Da war eine Frau in dem Boot, und sie hatte ihren Schal über mich geworfen, und sie sagte mir, dass ich dort bleiben solle. Ich glaube, es war Mrs Astor[124]. So sahen sie mich nicht, und das Boot wurde ins Wasser hinab gelassen, und wir ruderten ein Stück vom Dampfer weg.“[125]*

Ebenfalls in Boot 13 steigt Dr. Washington Dodge, dessen Frau und Sohn bereits mit Boot 5 die *Titanic* verlassen haben. An Boot 5 hat Dr. Dodge die Chance, in das Boot zu steigen, noch nicht genutzt. In Boot 13 jedoch steigt er ein. Mit Boot 13 geht auch Lawrence Beesley von Bord. Er ist auf dem Bootsdeck und wird vom Boot aus aufgefordert, hineinzuspringen, als das Boot gefiert werden soll, denn in dem Boot ist noch Platz.

Beim Abfieren von Boot 13 gibt es Probleme: Im Weg des Bootes befindet sich ein Wasserauslass aus dem Maschinenraum, und ein dicker Strahl Wasser strömt

---

[124] Hier irrt sich Buckley. Mrs Astor ist zu der Zeit noch auf der *Titanic* und hält sich an der Backbordseite bei Boot 4 auf, mit dem sie dann auch das Schiff verlassen wird.
[125] Zitiert in Comption (2012), S. 163 f.

kontinuierlich dort heraus. Es gelingt den Seeleuten, das Boot von diesem Strahl abzuhalten, doch dadurch gelangt Boot 13 unter Boot 15, das quasi direkt nach Boot 13 zu Wasser gelassen wird. Mit ganz viel Mühe gelingt es, eine Kollision der beiden Boote, die mit vielen Menschen beladen sind, zu verhindern. Boot 13 und Boot 15 kommen beide von der *Titanic* frei und rudern vom Schiff weg, obwohl die bis zur Kapazitätsgrenze oder sogar darüber hinaus gefüllten Boote wenig Bewegungsfreiheit für die Ruderer und dem Mann am Steuer bieten. Auch müssen in beiden Booten die Ruder vor Benutzung erst aus den Halterungen gelöst werden, was die Insassen ebenfalls vor Schwierigkeiten stellt. In Boot 13 hat jemand ein Messer dabei, in Boot 15 hat ein Seemann ausreichend Kraft, um die Befestigungen zu lösen.

Boot 15 wird ebenfalls vom A-Deck aus beladen. In Boot 15 sind überwiegend Passagiere aus der 3. Klasse und Besatzungsmitglieder. Anna Turja ist vermutlich in diesem Boot, dem letzten hölzernen Rettungsboot an der Steuerbordseite und das letzte Boot in der Reihe, wenn man vom Bug her schaut. *„Ich wollte nicht in das Rettungsboot steigen. Ich wollte auf das große Schiff warten, das kommen würde, um uns zu holen. Es war der Ehemann der jungen Frau in unserer Kabine und eine alte finnische Dame, die darauf bestanden, dass ich in das Boot ging. Ich erinnere ihre Namen nicht, aber wären sie nicht gewesen, wäre ich heute nicht hier, denn ich wollte auf der* Titanic *bleiben. Ich wusste nicht, dass das Schiff sank, doch als wir über die Seite des Dampfers herabgelassen wurden, konnte ich sehen, dass er unterging. Unser Boot war das vorletzte, das ins Wasser gelassen wurde.“*[126] Anna Turja erwähnt einen Dampfer, der die Menschen der *Titanic* übernehmen soll. Dieses in einigen Varianten an Bord kursierende Gerücht gibt einerseits Hoffnung, aber andererseits löst es weiterhin ein trügerisches Sicherheitsempfinden aus. Trotz der zunehmenden Schräglage der *Titanic* scheint es immer noch unvorstellbar, dass die *Titanic* untergeht, bevor Hilfe eingetroffen ist und alle Passagiere von Bord geholt wurden. Nur vom Wasser aus sieht man die dramatische Lage, in der sich die *Titanic* inzwischen befindet. Doch in den Booten ist man nur Zuschauer. Und die *Titanic* hat inzwischen auch eine Schlagseite nach backbord entwickelt, wodurch der Spalt zwischen Bordwand und Rettungsboot an der Backbordseite größer wird, während an der Steuerbordseite die Boote Gefahr laufen, beim Herunterlassen an die Bordwand zu stoßen und dabei beschädigt zu werden.

---

[126] Zitiert in Quinn (1999), S. 186

An der Steuerbordseite sind nun alle hölzernen Rettungsboote von Bord. Aber an Backbord sind noch drei hölzerne Rettungsboote vorhanden: Boot 2, das Notfallboot der Backbordseite, Boot 4, das schon seit Ewigkeiten vom A-Deck aus beladen werden soll und Boot 10. Boot 2 ist das erste dieser letzten drei hölzernen Boote, das zu Wasser gelassen wird. Eine Insassin von Boot 2 ist Mahala Douglas (1. Klasse). Auch ihr Mann wird nicht in ein Rettungsboot gelassen. Zuvor hatten sie Gerüchte gehört, dass die *Titanic* mit drei anderen Schiffen in Funkverbindung steht und sie haben auch die von der *Titanic* abgefeuerten Notraketen gesehen. Als dann Boot 2 klargemacht wird, entscheiden die Douglas', dass sie mit dem Boot von Bord geht – während er als Gentleman an Bord bleiben muss. Das Kommando in dem Boot übernimmt der 4. Offizier Boxhall, der bisher die Notraketen abgefeuert hat. „*Mr Boxhall hatte Schwierigkeiten, das Boot zu lösen und rief nach einem Messer. Letztendlich wurden wir gefiert. Mrs Appleton und ein Mann aus dem Zwischendeck saßen mir gegenüber. Der Rücken von Mrs Appletons Schwester war an meinem, und auf der Bank bei ihr saß der Offizier. Mr Boxhall versuchte, dass wir uns durchzählten, um herauszufinden, wie viele wir wären, doch er kam nie weiter als bis 10, da so viele kein Englisch sprachen. Ich glaube, wir waren 18 oder 20. Es gab noch ein weiteres Besatzungsmitglied. Das Rudern war sehr schwierig, weil keiner wusste, wie es ging. Ich versuchte zu steuern, nach den Anweisungen von Mr Boxhall, und er steckte die Laterne – eine alte mit schwachem Licht – auf einen Stab, den ich für einige Zeit hielt. Mr Boxhall kam vom Schiff weg und wir stoppten für einige Zeit. In einer unglaublich kurzen Zeit, so kam es mir vor, sank das Schiff.*"[127]

Boot 2 ist nicht mal halb voll, als es zu Wasser gelassen wird. Als das Boot auf dem Wasser ist, weist Kapitän Smith Boot 2 an, zum hinteren Gangwayluk auf der Steuerbordseite zu kommen. Boot 2 wählt den Weg ums Heck der *Titanic* herum. Das Heck ragt mittlerweile so weit aus dem Wasser, dass man die gewaltigen Schrauben nicht nur sehen kann, sondern dass das Boot unter den Schrauben durchrudern kann. – Und es gibt weitere Versuche an der Backbordseite, die Rettungsboote zum Schiff zurückzurufen. In Boot 6 hört man ein Signal auf einer Trillerpfeife vom Schiff, doch der Kommandierende in dem Boot weigert sich, zur *Titanic* zurückzukehren. Letztendlich kehrt kein Boot zum Schiff zurück.

---

[127] Zitiert in Quinn (1999). S. 207

Mittlerweile ist es den Passagieren der 3. Klasse uneingeschränkt möglich, auf das Bootsdeck zu gelangen. Olaus Abelseth: *„Wir blieben noch etwas länge [auf dem hinteren offenen Deck der 3. Klasse], und dann sagten sie: „Alle!" Ich weiß nicht, wer es war, doch ich glaube, es war einer der Offiziere, der das sagte. […] Wir gingen nach oben. Wir gingen zur Backbordseite des Schiffes, und da waren nur noch ein oder zwei Boote auf der Backbordseite übrig. Wir standen dort und sahen ihnen beim Fieren des Bootes zu. Wir konnten sie sehen, einige der Besatzung halfen den Damen, nahmen sie in ihre Arme und warfen sie in die Rettungsboote. Wir sahen sie das Boot fieren, und da waren keine weiteren Boote mehr an der Backbordseite. "*[128]

Abelseth hat vermutlich das Beladen von Boot 10 beobachtet, das von seiner Warte aus wie das letzte Boot an der Backbordseite ausgesehen haben muss. In der dunklen Nacht wird er Boot 4, das deutlich weiter vorne auf Höhe des A-Decks hängt, nicht gesehen haben. In Boot 10 befinden sich Frauen und Kinder aus allen drei Klassen, aber wie an den anderen Booten auf der Backbordseite auch. dürfen keine Männer freie Plätze in Boot 10 auffüllen.

Als Boxhall mit Boot 2 von Bord gegangen ist, wird auch das Abfeuern der Notraketen beendet. Den Passagieren wird allmählich klar, dass das Abfeuern der Raketen keinerlei Wirkung gezeigt hat. Es ist bisher kein Schiff zur *Titanic* gekommen, und es sieht im Moment nicht so aus, als würde in Kürze eines eintreffen. Auch das Bootsdeck sieht merkwürdig aus mit den ausgeschwungenen Davits und ganz ohne Rettungsboote … Dazu die Neigung zum Bug hin und eine sich allmählich verstärkende Schlagseite nach backbord – das lässt sich alles nicht mehr wegdiskutieren. Und dennoch glauben immer noch viele an Bord, dass die *Titanic* sich noch länger halten wird. Vielen erscheint die ganze Situation weiterhin surreal. Sie sind auf dem größten Schiff der Welt, das aufgrund seiner wasserdichten Abteilungen im Rumpf für unsinkbar gehalten wird, mitten auf dem Nordatlantik in eiskalter, dunkler Nacht fernab von Land in Seenot.

Boot 4 wird an der Backbordseite vom A-Deck gefiert. Hier wartet eine Gruppe von Passagieren aus der 1. Klasse seit längerer Zeit darauf, in das Boot gelassen zu werden. Doch zuerst mussten die Schiebefenster manuell geöffnet werden, was viel Zeit in Anspruch nahm. Emily Ryerson (1. Klasse): *„Mein Mann scherzte mit einigen Frauen, die er kannte, und ich hörte ihn sagen: ‚Hören Sie nicht die Band*

---

[128] Zitiert in Comption (2012), S. 157

spielen?' Ich flehte ihn an, bei ihm bleiben zu dürfen, aber er sagte: ,Du musst Befehle befolgen. Wenn es heißt: Frauen und Kinder in die Boote, dann musst Du gehen, wenn Du aufgerufen wirst. Ich werde bei John Thayer bleiben. Uns wird nichts geschehen. Du nimmst das Schiff nach New York.' Das zielte auf die Überzeugung ab, dass um uns herum einige Schiffe warteten. Die Olympic, *die* Baltic *waren einige der Namen, die ich hörte. Die ganze Zeit konnte ich hören, wie Raketen abgefeuert wurden – Notsignale.*[129]

Ebenfalls an Boot 4 wartet Marian Thayer mit ihrer Zofe und ihrem Mann. Ihren Sohn Jack (17) haben sie einige Zeit zuvor im Gedränge verloren. Ebenfalls in Boot 4 ist Jack Ryerson, ein 13jähriger Junge, der zuerst an Bord zurückgehalten werden soll, doch nach energischem Protest des Vaters doch hineingelassen wird. Ein weiterer Junge in Boot 4 ist William T. Carter, der elfjährige Sohn von William und Lucile Carter. Als die Schwierigkeiten bemerkt werden, die Jack Ryerson hat, als er ins Boot klettern will, wird William T. Carter von irgendjemanden ein Frauenhut auf den Kopf gesetzt, damit er als Mädchen durchgeht und so ins Boot kann.

Als Boot 4 gefiert wird – mit Madeleine Astor, Emily Ryerson, Eleanor Widener, Marian Thayer und anderen inklusive der Zofen der genannten Damen – muss es nur noch etwa 6m hinabgelassen werden. Normal lag das Bootsdeck 21m über dem Meeresspiegel. Auch Boot 4 ist nur halb gefüllt. Hängt man immer noch an dem Plan, die Boote von einem hinteren Gangwayluk aus weiter zu befüllen?

Mit Boot 4 sind alle hölzernen Rettungsboote der *Titanic* im Wasser. Ihre menschliche Fracht können sie noch nirgendwo abladen, und damit stehen sie auch nicht für eine neue Beladung vom Schiff aus zur Verfügung. Für die Menschen, die jetzt noch auf der *Titanic* sind – es ist nun ungefähr 2 Uhr morgens Schiffszeit *Titanic* – bleiben damit nur noch die vier Faltboote als Optionen, um in einem Boot von Bord zu gelangen. Doch wird die Besatzung es schaffen, alle Optionen bereitzustellen? Es sind schon zahlreiche ausgebildete Seemänner als Besatzung der Rettungsboote von Bord gegangen, die nun auf dem Schiff fehlen. Und wissen die Passagiere von diesen Optionen? Oder streben sie alle bereits höher gelegenen Teilen des Decks zu?

---

[129] Zitiert in Quinn (1999), S. 166

84

Das Bootsdeck der Titanic im Bereich der Promenade der 2. Klasse an backbord mit den Rettungsbooten 14, 12 und 10 (von links nach rechts). Wenn man genau hinschaut, sieht man vorne die Boote 8, 6, 4 und 2, die sich bei der Promenade der 1. Klasse befinden. (Sammlung Malte Fiebing-Petersen, Vorsitzender Deutscher Titanic-Verein von 1997 e. V.)

Die Steuerbordseite des Bootsdecks im Bereich der Promenade der 2. Klasse. Zu sehen sind die Rettungsboote 15 (teilweise), 13, 11 und 9 (von rechts nach links). Weiter vorne im Bereich der Promenade der 1. Klasse befinden sich die Boote 7, 5, 3 und 1.
(Sammlung Malte Fiebing-Petersen, Vorsitzender Deutscher Titanic-Verein von 1997 e. V.)

Oben: *Der Speisesaal der 1. Klasse.*
Unten: *Das a-la-carte-Restaurant*
(Beide Bilder: Sammlung Malte Fiebing-Petersen, Vorsitzender Deutscher Titanic-Verein von 1997 e. V.)

Oben: Der Speisesaal der 2. Klasse
Unten: Der Speisesaal der 3. Klasse
(Beide Bilder: Sammlung Malte Fiebing-Petersen, Vorsitzender Deutscher Titanic-Verein von 1997 e. V.)

Bild oben: *Eine andere Perspektive des Speisesaals der 3. Klasse.*
Bild unten: *Der Aufenthaltsraum der 3. Klasse. Direkt nebenan lag der Rauchsalon der 3. Klasse, der von der Einrichtung her dem Aufenthaltsraum ähnelte.*
(Beide Bilder: Sammlung Malte Fiebing-Petersen, Vorsitzender Deutscher Titanic-Verein von 1997 e. V.)

Oben: *Die Bibliothek der 2. Klasse*
Unten: *Der Rauchsalon der 2. Klasse*
(Beide Fotos: Sammlung Malte Fiebing-Petersen, Vorsitzender Deutscher Titanic-Verein von 1997 e. V.)

Oben: *Das Café Parisienne*

Unten: *Das Veranda-Café, oft auch als Wintergarten oder Palmengarten bezeichnet.*

(Beide Fotos: Sammlung Malte Fiebing-Petersen, Vorsitzender Deutscher Titanic-Verein von 1997 e. V.)

Oben: Die Lounge der 1. Klasse
Unten: Der Rauchsalon der 1. Klasse
(Beide Fotos: Sammlung Malte Fiebing-Petersen, Vorsitzender des Deutschen Titanic-Vereins von 1997 e. V.)

15. April 1912:
2 Uhr – 4 Uhr

Auf der *Titanic* gibt es noch vier Rettungsboote: Es sind die Faltboote A, B, C und D, die nur mit den Davits der Notfallboote 1 und 2 gefiert werden können. Die Boote C und D sind auf dem Bootsdeck bei den Booten 1 und 2. Allerdings sind die Faltboote nicht sofort zum Beladen bereit, sondern zuerst müssen die Seiten aus Segeltuch aufgespannt werden. Erst danach können Passagiere einsteigen. Unklar ist auch, wie viel Widerstand die Faltboote mit ihren Seiten aus Segeltuch den Wellen des Nordatlantiks entgegensetzen können. Gegenwärtig ist der Ozean, der zweitgrößte der Erde und bekannt für schwere Stürme und meterhohe Wellen, jedoch ruhig wie ein Mühlenteich. Doch es ist nur eine Frage der Zeit, bis der Seegang zunehmen wird. Denn so ruhig wie in dieser Nacht haben selbst Vielreisende den Nordatlantik noch nie gesehen. Aber Hilfe ist ja bereits auf dem Weg, so heißt es auf der *Titanic*. Die *Olympic* wird am Nachmittag erwartet. Auch die *Baltic* soll unterwegs sein.

Die Lage auf der *Titanic* wird offensichtlich von der Besatzung für so ernst gehalten, dass man nicht nur auf die Boote C und D zurückgreift, sondern auch die beiden weiteren Faltboote Boote A und B verwenden will. Die Boote A und B sind auf dem Dach der Offiziersquartiere verstaut und müssen von dort erst herunter gebracht werden, ehe sie klargemacht, beladen und gefiert werden können. Es gibt weder Flaschenzüge noch andere Hilfsmittel, um die Boote A und B vom Dach der Offiziersquartiere herunter auf das Bootsdeck zu holen. Anscheinend wurde nicht damit gerechnet, diese Boote jemals benutzen zu müssen. Aber es sind noch mehr als 1500 Menschen auf der *Titanic*, darunter Frauen und Kinder[130], und Hilfe ist immer noch nicht vor Ort – da müssen auch diese beiden Faltboote noch zum Einsatz gebracht werden. Es wird trotzdem bei weitem nicht für alle reichen! Vier

---

[130] Es sind zu diesem Zeitpunkt noch etwa 200 Frauen und Kinder an Bord.
Rechenweg: Anzahl der toten Frauen und Kinder plus die Anzahl der Frauen und Kinder, die in den Booten C, D und A gerettet wurden. Da es bis heute (Oktober 2019) noch keine definitive Liste darüber gibt, welche Person in welchem Boot war, wird sich die Zahl der Frauen und Kinder, die zu diesem Zeitpunkt noch an Bord sind, nicht genauer ermitteln lassen.

Faltboote für mehr als 1500 Menschen sind wie der berühmte Tropfen auf dem heißen Stein.

Gleichzeitig wird für die Menschen in den Rettungsbooten immer deutlicher, dass den Menschen auf der *Titanic* die Zeit davon läuft. Die Menschen in den Booten sehen, wie der Bug der *Titanic* immer tiefer im Meer versinkt, während das Heck sich weiter und weiter aus dem Wasser hebt. Das kann nicht mehr ewig so weiter gehen, die große *Titanic* wird eher über kurz als über lang in den Fluten versinken. Doch in den Rettungsbooten gehen immer noch viele davon aus, dass alle Passagiere, also auch die Männer, in Sicherheit gebracht werden können.

Die Menschen an Bord bemerken natürlich auch die immer weiter zunehmende Schräglage zum Bug hin. Wenn sie sich im vorderen Bereich aufhalten, sehen sie, dass das Vorschiff bereits im Atlantik versunken ist. Und im hinteren Bereich ist ganz deutlich zu spüren, wie weit das Heck bereits aus dem Wasser gestiegen ist. Dennoch stellt sich die Lage von den Rettungsbooten aus gesehen dramatischer dar, als sie an Bord selbst wahrgenommen wird. Und die Menschen an Bord stehen vor der Frage: Auf einen der wenigen Plätze in einem der Faltboote spekulieren oder lieber möglichst weit weg vom Wasser dem Heck zustreben und hoffen, dass noch rechtzeitig Hilfe kommt? Das Heck scheint der Teil der *Titanic* zu sein, der am längsten über Wasser bleiben wird. Es kann sicher auch nicht schaden zu beten. Einige Passagiere halten sich an Geistliche, die unter den Reisenden sind.

Im vorderen Bereich der *Titanic* bemüht man sich, die Faltboote zum Einsatz zu bringen. Zuerst müssen die Boote C und D beladen und zu Wasser gelassen werden. Nachteilig wirkt sich aus, dass Seeleute mit den bereits gefierten Booten von Bord gegangen sind und nun beim Klarmachen und Fieren der Faltboote fehlen. Dafür helfen Passagiere nach Kräften mit. Und die Besatzung sucht nach weiterer Unterstützung durch Passagiere. Olaus Abelseth (3. Klasse): *„Also gingen wir rüber zur Steuerbordseite des Schiffs, und gerade als wir dort standen, kam einer der Offiziere vorbei, und er sagte im Vorbeigehen: ‚Sind hier irgendwelche Seeleute?‘ Ich sagte nichts. Ich habe sechs Jahre lang als Fischer gearbeitet, und da ging der Offizier direkt an mir vorbei und fragte: ‚Sind hier irgendwelche Seeleute?‘ Ich wäre mitgegangen, aber mein Schwager und mein Cousin sagten auf Norwegisch,* *da wir Norwegisch sprachen: ‚Lass uns hier zusammen bleiben.' Also blieben wir dort, und wir standen da einfach nur. Wir sprachen nicht sehr viel.*"[131]

Unter Deck ereignen sich mittlerweile merkwürdige Dinge. So gibt ein Steward in einer Bar der 1. Klasse Whisky für alle auf Kosten des Hauses aus. Im Rauchsalon der 3. Klasse sitzt Johan Lundahl, der sich zu alt fühlt, um mit den „Wogen des Atlantiks zu kämpfen"[132]. Im gleichen Raum spielt eine Engländerin auf dem Klavier und hat ihr Kind auf dem Schoß. Passagiere aus der 3. Klasse durchsuchen Kabinen der 1. Klasse nach Schwimmwesten, da sie ohne ihre eigenen auf die oberen Decks gekommen sind. Man hatte es zu der Zeit offenbar nicht für erforderlich gehalten, Schwimmwesten anzulegen, doch inzwischen ist klar, dass man diese unförmigen Rettungsmittel wohl doch benötigen wird. Es sind nicht nur, wie man anfangs dachte, Hilfsmittel für diejenigen in den Rettungsbooten, falls sie aus den Booten ins Wasser fallen. Es scheint vielmehr im Bereich des Möglichen zu liegen, dass man sie auch zum Schwimmen im Wasser benötigen wird …

In Vorbereitung auf den Untergang wird begonnen, Gegenstände, die im Wasser Schwimmenden als Schwimmhilfe dienen können, über Bord zu werfen. Boot 4 ist noch recht nahe beim Schiff und läuft Gefahr, von diesen Gegenständen, darunter auch Deckstühle, getroffen zu werden. Für einige an Bord der *Titanic* hingegen wird Boot 4 zur Rettung, da sie sich an Seilen die Bordwand herunterlassen und zum Teil direkt in das Boot gelangen können. Andere müssen nur kurz im eiskalten Wasser schwimmen, um in Boot 4 zu gelangen. Es sind Besatzungsmitglieder, die sich auf diese Art und Weise in Boot 4 retten. – Boot 4 versucht den Befehl auszuführen, zum hinteren Gangwayluk zu gelangen und dort weitere Menschen aufzunehmen. Doch es ist kein Luk geöffnet. Von Boot 4 aus kann man auch beobachten, wie Wasser durch geöffnete Bullaugen in beleuchtete Kabinen fließt und diese flutet, während die *Titanic* weiter und weiter im eisigen Nordatlantik versinkt.

An der Steuerbordseite vorne hängt Boot C in den Davits von Boot 1. Allerdings versuchen Männer, in das Boot zu gelangen, ehe es mit den ebenfalls beim Boot wartenden Frauen und Kindern verschiedenster Herkunftsländer beladen werden kann. Es fallen Schüsse – Warnschüsse in die Luft, um die Männer wieder aus dem

---

[131] Zitiert in Comption (2012), S. 157
[132] Fitch et al. (2012), S. 217

Boot zu vertreiben. Hugh Woolner (1. Klasse): *„Es gab Gedränge an der Steuerbordseite, und ich drehte mich um und ich sah zwei Blitze von Pistolenschüssen in der Luft. Ich hörte Mr Murdoch zu vielen Männern, die in das Boot auf der Seite schwärmten, rufen: ‚Raus da, haut ab da!'. Es war ein Faltboot auf der Steuerbordseite, Mr Stefanson [sic!] und ich gingen hin, um dabei zu helfen, das Boot von den hineinkletternden Männern zu leeren, denn da war ein Haufen Frauen – ich denke, Italienerinnen und Ausländerinnen – die außerhalb der Menge standen und nicht in der Lage waren, zum Boot zu gelangen. Also halfen wir dem Offizier, diese Männer an ihren Beinen oder was auch immer wir zu packen bekamen rauszuziehen. Zu der Zeit machten sie aus dem Boot heraus wirklich die Flatter vor Mr Murdoch. Wir zogen jeder fünf oder sechs raus. Ich denke, es waren vielleicht Passagiere aus der 3. Klasse. Dann holten sie praktisch alle Männer aus diesem Boot heraus, und wir hoben diese italienischen Frauen an, zogen sie an jeder Seite hoch und setzten sie in das Boot. Sie waren sehr schwach. In ihnen steckte nicht viel Leben."*[133]

In Boot C sind am Ende überwiegend Passagiere aus der 3. Klasse – Frauen und Kinder, aber auch einige Männer – unterschiedlichster Herkunftsländer. Mit Boot C geht auch Joseph Bruce Ismay (1. Klasse) von Bord, der bis dahin nach Kräften beim Beladen der Boote mitgeholfen hat. Ismay macht sich die Haltung an steuerbord, dass Männer ins Boot können, wenn beim Fieren noch Platz ist und keine Frauen und Kinder mehr einsteigen wollen, zu Nutze. Ebenfalls in Boot C steigt William Carter (1. Klasse), dessen Frau und Kinder nur kurz zuvor mit Boot 4 von Bord gegangen sind. Andere hingegen an Boot C, z. B. Frank Goldsmith senior und Alfred Rush (beide 3. Klasse), der am Vortag 17 Jahre alt geworden ist und mit den Goldsmiths reist, bleiben bei den Männern an Bord, obwohl Ehefrau Emily Goldsmith und Sohn Frank junior in Boot C sind. Auch Woolner und Björnström-Steffansson bleiben auf der *Titanic*.

Das Fieren ist aufgrund der Schlagseite der *Titanic* nicht ganz einfach, wie Ismay berichtet: *„Das Schiff hatte eine ziemlich Schlagseite nach backbord. Dementsprechend hing sich dieses Segeltuchboot, dieses Faltboot, an der Außenwand des Schiffes auf, und es rieb daran entlang, und wir mussten versuchen, es abzuschie-*

---

[133] Zitiert in Comption (2012), S. 182

ben und wir mussten die Frauen um Unterstützung bitten, um das Boot vom Schiff klar zu bekommen."[134]

Aus den bereits gefierten Booten heraus beobachten Passagiere den Untergang der *Titanic*. Das Schiff ist noch erleuchtet, die See spiegelglatt und am Himmel leuchten die Sterne. Das ist so gar nicht das Bild, das man von einem Schiffbruch hat. Man denkt bei einem Untergang an einen wilden Sturm, dunklen, am Himmel dahinjagenden Wolken, zwischen denen gelegentlich ein Vollmond bedrohlich hervorlugt, und einer kochenden See mit turmhohen Wellen, die alles mit sich reißen und deren Kraft massive Aufbauten kurz und klein schlägt. Doch der Untergang der *Titanic* vollzieht sich bei einem mondlosen Himmel voller Sterne und einer spiegelglatten See. Bertha Mulvihill (3. Klasse/Boot 15): *„Die Titanic sank langsam aber sicher. Ich fixierte zwei Bullaugen des Dampfers. Ich sah, wie das Wasser sie erreichte, über sie hinweg stieg und sie von den Blicken verschluckte. Ich war fasziniert."*[135]

Zwei Rettungsboote sind auf dem Weg zu dem Licht eines anderen Schiffes in einiger Entfernung – die Boote 6 und 8. Mrs. White (1. Klasse/Boot 8): *„Oh, es war 10 Meilen entfernt, doch wir konnten es eindeutig sehen. Es gab keine Zweifel daran, dass es ein Schiff war. Aber wir ruderten und ruderten und ruderten und dann erkannten wir alle, dass es uns nicht möglich war, es zu erreichen."*[136]

Daisy Minahan (1. Klasse) hingegen macht eine andere Erfahrung in „ihrem" Rettungsboot (Nr. 14): *„Der Offizier, dessen Name, wie ich später erfuhr, Lowe ist, machte dauernd Bemerkungen wie „Ein guter Song, den man jetzt singen könnte, wäre ‚Throw out the Life Line' und ‚Ich denke, das Beste, was Ihr Frauen machen könntet, ist ein Nickerchen.' Die* Titanic *sank schnell."*[137] Andere Frauen in Boot 14 hingegen schätzen die Tatkraft, die Offizier Lowe zeigt. Der raue Seemann versucht sogar, die Frauen so gut es ihm möglich ist zu trösten. Clear Cameron (2. Klasse) ist im Gegensatz zu Daisy Minahan von Lowe schwer beeindruckt, und so wie einige Frauen wie Daisy Minahan von Lowes Auftreten und Ausdrucksweise geschockt sind, ist für andere Frauen wie Clear Cameron Lowe ein Held.

---

[134] Zitiert in Quinn (1999), S. 219
[135] Zitiert in Quinn (1999), S. 220
[136] Zitiert in Quinn (1999); S. 220
[137] Zitiert in Quinn (1999), S. 221

Ebenfalls in Boot 14 macht Charlotte Collyer (2. Klasse) folgende Beobachtung: „*Es war zu dieser Zeit, dass ich zum ersten Mal den Eisberg sah, der diesen schrecklichen Schaden verursacht hatte. Er ragte im klaren Licht der Sterne auf, ein bläulich weißer Berg, ziemlich nahe bei uns. Zwei andere Eisberge lagen ziemlich dicht beieinander, wie Zwillingskuppen. Später glaubte ich, drei oder vier weitere zu sehen, aber da bin ich mir nicht sicher. Eisschollen trieben im Wasser. Es war sehr kalt. Wir hatten vielleicht eine halbe Meile zurückgelegt, als der Offizier den Männern befahl, das Rudern einzustellen.*"[138]

Auf der *Titanic* gibt es jetzt nur noch drei Rettungsboote, die Faltboote A, B und D, für all die Menschen, die noch an Bord sind. Nachdem Boot C gefiert wurde, sind die Davits von Boot 1 frei für Faltboot A. Doch das Boot muss vom Dach der Offiziersquartiere heruntergeholt werden, und die Davits müssen für das nächste Fieren vorbereitet werden. Noch an Bord ist Boot D, das bereits in Davits von Boot 2 hängt und beladen werden kann. Die Besatzung hat den Zugang zum Boot für Männer abgesperrt und lässt nur Frauen und Kinder durch. An dieser Absperrung stehen bleiben muss auch Colonel Gracie, der noch zwei ihm bekannte Damen, Miss Edith Evans und Mrs Caroline Brown, auf der *Titanic* gefunden hat und nun zu Boot D bringen will. Beide Damen gelangen zum Boot, doch nur Caroline Brown steigt noch ein. Edith Evans bleibt auf dem Schiff zurück. Später wird es heißen, dass Edith Evans, die unverheiratet ist, der verheirateten Caroline Brown den Vortritt lässt, da angeblich nur noch Platz für eine Frau in Boot D ist. Allerdings ist auch Boot D nicht voll besetzt. Letztendlich bleibt ungeklärt, warum Edith Evans nicht in das Boot einsteigt und so zu einer der vier Frauen in der 1. Klasse wird, die beim Untergang der *Titanic* ihr Leben verlieren.

Auf der *Titanic* wird nun vielen klar, dass es auf das Ende zugeht und kein anderes Schiff rechtzeitig kommen wird. Hugh Woolner (1. Klasse) ist mit seinem Freund Håkan Mauritz Björnström-Steffansson wieder auf dem A-Deck unterwegs. „*Es lag über die ganze Länge völlig verlassen, und die elektrischen Lichter an der Decke begannen, rot zu leuchten, nur ein Schein, eine Art roter Schein. Also sagte ich zu Steffanson [sic!]: ‚Das wird jetzt ziemlich eng. Mir gefällt es nicht, drinnen hinter den geschlossenen Fenstern zu sein. Lass uns durch die Tür am Ende nach draußen gehen.*[139]‚ *Und als wir durch die Tür gingen, kam die See auf das Deck zu unseren*

---

[138] Zitiert in Quinn (1999), S. 221
[139] Die Promenade auf dem A-Deck ist zum Bug hin auf jeder Seite durch eine Tür geschützt. Die Promenade läuft um das ganze Deck herum.

Füßen. Dann sprangen wir auf die Reling und bereiteten uns darauf vor, ins Meer zu springen, denn wenn wir eine Minute länger gewartet hätten, wären wir gegen die Decke gestoßen worden. Und als wir nach draußen schauten, sahen wir dieses Faltboot, das letzte Boot der Backbordseite, wie es direkt vor unseren Gesichtern gefiert wurde. Es war vielleicht neun Fuß[140] entfernt. Es war bis auf den Bug voll und ich sagte zu Steffanson [sic!]: ‚Da ist niemand im Bug. Lass uns reinspringen. Du gehst zuerst.‘ Und er sprang, purzelte Hals über Kopf in den Bug. Ich sprang auch und traf das Dollbord mit meiner Brust, um die diese Schwimmweste war, und ich prallte irgendwie vom Dollbord ab. Ich bekam das Dollbord mit meinen Fingern zu packen, und rutschte rückwärts ab. Als meine Beine nach unten fielen, fühlte ich, dass sie im Wasser waren. Ich hing meine rechte Hacke über das Dollbord, und zu dieser Zeit war Steffanson [sic!] aufgestanden, und er bekam mich zu packen und hob mich hinein. Dann guckten wir auf das Wasser und sahen einen Mann in der See unter uns schwimmen, und wir zogen ihn rein. Zu der Zeit stießen wir gegen die Seite des Schiffes. Sie ging ziemlich schnell Bug voraus unter.“[141]

Der Mann, der von Woolner und Björnström-Steffansson in Boot D gezogen wird, ist Frederick Hoyt. Seine Frau Jane Hoyt ist bereits in Boot D – sie war zu dem Boot durchgelassen worden, während er zurückbleiben musste. Nun hat er sich ausgerechnet, dass man ihn ins Boot ziehen wird, wenn er vor dem Boot ins Wasser springt – und seine Rechnung geht auf.

Doch noch immer sind mehr als 1500 Menschen auf dem Schiff. Wer an Bord ist, versucht, die Boote A und B klar zu bekommen oder strebt dem Heck zu, das immer höher aus dem Wasser ragt und der Teil des Schiffes sein wird, das am längsten oben bleiben wird. Andere realisieren, dass ein Heraufsteigen auf das Heck das Unvermeidliche nur hinauszögern wird. Allen an Bord dürfte spätestens jetzt klar werden, dass Hilfe nicht mehr rechtzeitig eintreffen wird und die einzige Hoffnung die Rettungsboote im Wasser sind, die vielleicht noch weitere Menschen aufnehmen können, sowie die Boote A und B, die immer noch an Bord sind. Doch diese beiden Boote sind noch nicht zum Beladen und Fieren bereit.

Archibald Gracie (1. Klasse) ist mit James Clinch Smith (1. Klasse) an Deck. *„Kurz danach kam das Wasser auf das Bootsdeck. Wir sahen und wir hörten es. Ich hatte in der Zwischenzeit nicht bemerkt, dass wir sanken. Ich war die ganze Zeit damit*

---

[140] 9 Fuß = ca. 2,74m
[141] Zitiert in Comption (2012), S. 183

beschäftigt, die Davits zu bedienen, ich versuchte die Falls zu betätigen, um das Boot herunterzulassen. Mr Smith und ich dachten dann, dass es für uns da keine Chance mehr gab, da waren zu viele Leute an dieser Stelle, deswegen entschieden wir, zum Heck zu gehen, immer noch an der Steuerbordseite. Als wir dort gingen, kamen zu unserer Überraschung und Betroffenheit eine Menge an Menschen, Frauen und Männer, aus dem Schiffsinnern – und wir hatten gedacht, dass alle Frauen bereits in den Booten waren. Das Wasser hatte uns dann erreicht, und wir versuchten zu springen, Mr Smith und ich. Wir waren in einer Art Sackgasse, die von der Kabine und der Brücke gebildet wurde. Wir waren direkt in dieser Sackgasse auf dem Bootsdeck. Mr Smith sprang, um das Deck zu erreichen, ich sprang gleichfalls. Wir waren erfolglos. Dann kam die Welle und berührte uns, und ich wurde angehoben als wenn ich in einer Brandung bade. Ich sprang mit dem Wasser, welches mich direkt auf das Sturmdeck [über den Offiziersquartieren] hob. Drum herum war eine Reling aus Eisen, und ich packte die Eisenreling und hielt mich daran fest. Ich sah mich um, und die gleiche Welle, die mich gerettet hatte, hatte alle um mich herum verschlungen. Ich drehte mich nach rechts und nach links und schaute mich um: Mr Smith war nicht da, und ich konnte auch keinen anderen der großen Menschenmasse sehen."[142]

Ebenfalls noch auf der *Titanic* ist Algernon Barkworth (1. Klasse), der seine Schwimmweste unter seinem Pelzmantel trägt. *„Nachdem alle Boote fort waren, schien jeder auf den Tod auf dem dem Untergang geweihten Schiff zu warten. Ich jedoch war entschlossen, das Schiff zu verlassen und um mein Leben zu kämpfen. Ich kletterte auf die oberste Reling vom Bootsdeck und stieg drüber, hing dann mit einer Hand an der Seite des Schiffes über dem Meer. Ich schätze die Distanz zum Wasser war jetzt etwa 30 Fuß[143], denn das Schiff hatte so eine Schlagseite, dass ich dachte, es würde kentern. Es war zudem deutlich im Wasser abgesunken, denn normalerweise betrug die Distanz zur Wasseroberfläche 70 Fuß.[144] Ich zögerte einige Momente, ehe ich mich fallen ließ, denn das Meer schien voller Stühle und anderer Wrackteile zu sein, die von Passagieren über Bord geworfen worden waren, und ich dachte, ich könnte mich verletzen. Komisch, dass man in so einem Augenblick über sowas nachdenkt. Es kam mir in den Sinn, dass es gefährlich sein könnte, sich an der Seite herabzulassen, da ich befürchtete, es könne schnell*

---

[142] Zitiert in Comption (2012), S. 184 f.
[143] 30 Fuß = ca. 9 Meter
[144] 70 Fuß = ca. 21 Meter

sinken, und dass es vielleicht besser wäre, zu springen. Wie tief ich fiel, kann ich nicht sagen, und ich schluckte Salzwasser ohne Ende."[145]

Wer mit dem Wasser in Berührung kommt, beschreibt es als stechend kalt, und wer sich länger darin aufhalten muss, wird schnell unterkühlen. Durch die zunehmende Auskühlung des Körpers schwinden die Kräfte. Die wenigsten Opfer der *Titanic*, die im Wasser um ihr Leben kämpfen, ertrinken; die Mehrheit stirbt an der Kälte. Andere hingegen haben es vorgezogen, gar nicht erst an Deck zu gehen, weil sie sich keine Chance ausgerechnet haben, in ein Boot zu gelangen und auch nicht erwarten, dass sie sich schwimmend lange genug halten können, bis Rettung da ist. Diese Menschen ertrinken im Schiff. Von den Ereignissen im Schiff ganz zum Schluss gibt es verständlicherweise keine Augenzeugenberichte mehr.

Das Ende der *Titanic* ist nun ganz nahe. Olaus Abelseth (3. Klasse): *„Also konnten wir das Wasser kommen sehen, der Bug des Schiffes sank nach unten, und es gab eine Art von Explosion. Wir konnten das Knacken und Krachen hören, und das Deck stieg hoch und wurde so steil, dass die Leute sich nicht mehr mit ihren Füßen auf dem Deck halten konnten. Sie fielen runter und rutschten auf dem Deck ins Wasser, direkt auf dem Schiff. Dann hingen wir an einem Tau an einem der Davits. Wir waren ziemlich weit achtern auf dem obersten Deck. Mein Schwager sagte zu mir: ‚Wir springen besser, oder der Sog wird uns nach unten ziehen.' Ich sagte: ‚Nein. Wir werden noch nicht springen. Wir haben sowieso keine große Chance, da können wir auch so lange wie möglich bleiben.' Und er sagte wieder: ‚Wir müssen springen.' Aber ich sagte: ‚Nein, noch nicht.' Als wir dann sprangen, waren es nur noch ungefähr fünf Fuß*[146] *bis ins Wasser. Es war kaum ein Sprung. Davor konnten wir sehen, wie Menschen ins Wasser sprangen. Wasser kam auf das Deck, und sie sprangen dann ins Wasser. Mein Schwager ergriff meine Hand, als wir sprangen, und mein Cousin sprang zur gleichen Zeit."*[147]

Die Boote A und B treiben davon, als das Wasser sie erreicht: Boot B kieloben, Boot A ohne aufgespannte Segeltuchseiten und mit Wasser auf dem Boden. Die Faltboote verfügen über Lufttanks, die die Boote A und B über Wasser halten. Der vorderste Schornstein stürzt ins Wasser und fällt auf Schwimmende. Ein Schornstein der *Titanic* war mehr als 20 Meter hoch und so breit, dass zwei

---

[145] Zitiert in Edwards (1997), S. 14
[146] 5 Fuß = ca. 1,5m
[147] Zitiert in Comption (2012), S. 189 f.

Lokomotiven bequem nebeneinander hätten durchfahren können. Die Wellen, die der Aufprall des Ungetüms auf dem Wasser auslöst, treiben Boot B etwas weiter vom sinkenden Schiff weg. Colonel Gracie ist immer noch an Bord der *Tltanic*, er hält sich an der Reling fest – so lange, bis er mit dem Schiff unter Wasser ist und endlich loslässt. Er befürchtet, dass kochendes Wasser aus den Kesseln, das möglicherweise entweicht, ihn verbrühen wird, doch das geschieht nicht. Stattdessen kämpft Gracie sich an die Wasseroberfläche zurück – und die *Titanic* ist verschwunden.

Auch von den Rettungsbooten aus beobachtet man den Untergang der *Titanic*:

Anna Sjöblom (3. Klasse/Boot 16): *„Die Geräusche, als das Schiff sank, waren die schlimmsten Geräusche, die ich jemals gehört habe. Ich erwarte nicht, jemals schlimmere zu hören. Als das Schiff zu sinken begann, begannen die Menschen an Bord zu kreischen, zu heulen und zu stöhnen. Als es weiter und weiter unterging, wurden die Schreckensschreie lauter und lauter und schrecklicher. Dann, als das Schiff senkrecht stand, wurde das Schreien irgendwie ganz schrecklich wild. Ich kann es nicht beschreiben. Ich kann nicht sagen, wie es war. Es war einfach nur schrecklich. Ich habe es noch im Ohr.“*[148]

Bertha Lehmann (2. Klasse/Boot 12): *„Plötzlich tat es drei laute Schläge, sie klangen wie ein sehr lauter Donnerschlag, wenn es nah bei einem einschlägt. Wir sahen alle zur* Titanic. *Sie war auseinander gebrochen! Der vordere Teil des Schiffs ging zuerst unter. Zuerst sank der vordere Teil und dann der mittlere. Das letzte Teil vom Schiff war noch über Wasser. Das gebrochene Teil der letzten Hälfte sank langsam ins Wasser und danach das Heck. Das war das Letzte vom Schiff, das nicht untergehen konnte. Die Arbeit von vielen Männern zerstört und damit auch das Leben von 1600*[149] *Männern, Frauen und Kindern.“*[150]

Antoinette Flegenheim (1. Klasse/Boot 7): *„Als die Minuten vergingen, stieg das Heck des Schiffes höher in den Himmel. Zu einem Zeitpunkt konnten wir deutlich ihre großen Schrauben sich gegen den beeindruckenden Sternenhintergrund abheben sehen. Dann stieg ihr Heck lotrecht zur Wasseroberfläche, und im nächsten*

---

[148] Zitiert in Quinn (1999), S. 236

[149] In der modernen, internationalen *Titanic*-Forschung wird die Zahl von 1496 Toten generell akzeptiert (siehe z. B. Halpern (2011) und Fitch et al. (2012)). Es ist Stand Oktober 2019 noch niemanden gelungen, diese Zahl glaubhaft zu erschüttern.

[150] Zitiert in Quinn (1999), S. 238

Moment verschwand es aus unserem Blickfeld. Die Lichter, die die ganze Nacht so hell geschienen hatten, waren mit einem Schlag erloschen, und begleitet von einer ohrenbetäubenden Serie von Knarren und Getöse glitt sie unter die Wasseroberfläche."[151]

Mahala Douglas (1. Klasse/Boot 2): *„Ich habe keine Explosionen gehört. Ich sah, wie das Schiff sank, und das letzte Bild in meinem Kopf ist diese immense schwarze Masse vor dem sternenklaren Himmel und dann – das Nichts!"*[152]

Was dann folgt, ist für die Menschen in den Booten noch schrecklicher als den Untergang selbst beobachten zu müssen:

Emily Ryerson (1. Klasse/Boot 4): *„Und dann kamen die Hilfeschreie der Leute, die rund um uns herum ertranken, und das schien Ewigkeiten anzuhalten. Jemand rief: ‚Rudert um Euer Leben oder Ihr werdet nach unten gezogen werden!' und jeder, der konnte, ruderte wie verrückt. Ich sah meine jüngere Tochter und Mrs Thayer und Mrs Astor rudern, aber es schien keinen Sog zu geben."*[153]

Eloise Smith (1. Klasse/Boot 6): *„Wir waren etwas entfernt, als die Titanic unterging. Wir beobachten es mit Trauer, und wir hörten die zahlreichen Hilfeschreie und wir bedauerten den Kapitän, denn wir wussten, dass er auf dem Schiff bleiben musste. Ich dachte, dass die Schreie, die wir hörten, von Seemännern oder vielleicht 3. Klasse Passagieren, die verschlafen hatten, kamen; mir kam für keinen Moment in den Sinn, dass mein Mann und meine Freunde nicht gerettet waren."*[154]

Antoinette Flegenheim (1. Klasse/Boot 7): *„Gerade als wir dachten, alle hätten das Schiff sicher verlassen, setzte dieses herzzerreißende Konzert von Hilferufen und Hilfeschreien ein. Wir konnten nichts für die Masse an Menschen, die im Wasser strampelten, tun, arme, tapfere Kollegen, denn wir waren zu weit entfernt und in völliger Dunkelheit. Die Schreie waren unerträglich und schienen ewig anzudauern. Viele Leute konnten es nicht aushalten. Mrs Greenfield, die hinter mir saß, hielt sich die Ohren so fest wie sie nur konnte zu. Da war dieses junge Fräulein aus New York, das hysterisch war, und der junge Mann aus Köln, den ich zuvor schon beschrieben habe, hatte die dumme Idee, alle Patronen aus seinem Revolver*

---

[151] Klistorner und Provost (2016), S. 18
[152] Zitiert in Quinn (1999), S. 237
[153] Zitiert in Quinn (1999), S. 241
[154] Zitiert in Quinn (1999), S. 245

abzufeuern. Der Himmel weiß warum. Als die Schreie stoppten, waren alle wieder still. Und still blieben wir bis zum Tagesanbruch."[155]

Anna Turja (3. Klasse/Boot 15): *„Was mich immer noch verfolgt ist das Geräusch, das ich immer noch in meinen Ohren habe ... die Schreie, das Weinen und das Flehen der Leute, die im eisigen Wasser kämpften, um Hilfe bettelten, dann die Stille."[156]*

Boot 4 kann nach dem Untergang der *Titanic* einige Menschen aus dem Wasser ziehen. Emily Ryerson (1. Klasse): *„Dann wendeten wir, um einige von denen im Wasser aufzunehmen. Einige der Frauen protestierten, doch andere bestanden darauf, und wir zogen sechs oder sieben Männer raus. Die geretteten Männer waren vorwiegend Heizer, Stewards, Seemänner etc. und waren so ausgekühlt und erfroren, dass sie sich kaum bewegen konnten."[157]*

In anderen Booten sprechen sich die Insassen dagegen aus, zur Unglücksstelle zurückzukehren, da sie befürchten, dass die im Wasser um ihr Leben Kämpfenden das Boot so sehr bedrängen, dass es kentert und dadurch alle in Lebensgefahr geraten. George Harder (1. Klasse/Boot 5): *„Es ist wahr, dass dieser Offizier zum Schiff zurückkehren wollte, doch dass alle Passagiere sagten: ‚Tun Sie das nicht. Tun Sie das nicht. Es wäre nur dumm, wenn wir zurückrudern. Da werden so viele sein. Die werden das Boot versenken.' Und ich glaube nicht, dass die Leute zu dem Zeitpunkt wahrgenommen hatten, dass es nicht ausreichend Rettungsboote für alle an Bord gegeben hatte. Ich habe mich niemals darum gekümmert, wie viele Rettungsboote da waren. Ich weiß es nicht."[158]*

Die Boote 6 und 8 sind immer noch auf dem Weg zu dem Licht in der Ferne, doch sie scheinen nicht näher zu kommen. Ist es wirklich ein anderes Schiff? Eloise Smith (Boot 6): *„Da war ein kleines Licht am Horizont, zu dem wir rudern sollten. Einige schienen zu glauben, dass es ein Fischkutter oder ein kleines Boot war. Doch je länger wir ruderten, umso weniger schienen wir dem näher zu kommen, und ich bin der Meinung, es war ein Stern. Viele Leute in unserem Boot sagten, dass sie zwei Lichter sahen. Ich sah nichts, bis ich lange Zeit geschaut hatte; ich glaube, es lag daran, wie unsere Augen sich fokussierten und vielleicht war es auch die*

---

[155] Klistorner und Provost (2016), S. 18
[156] Zitiert in Quinn (1999), S. 241
[157] Zitiert in Quinn (1999), S. 243
[158] Zitiert in Quinn (1999), S. 247

Hoffnung auf ein anderes Schiff. Ich glaube nicht, dass es etwas anderes als ein Stern war.“[159]

Angesichts der Hilferufe von der Untergangsstelle wollen Frauen in den Booten 8 und 6 den Versuch, das Licht am Horizont zu erreichen abbrechen und umkehren. In Boot 8 verweist der Kommandierende darauf, dass der Befehl des Kapitäns lautet, zu dem anderen Schiff in einiger Entfernung zu rudern. In Boot 6 wünschen einige Frauen, zurückzukehren, doch der Kommandierende lehnt ab, weil nach seiner Einschätzung nur Leichen angetroffen werden würden. – In Boot 6 gibt es einen heftigen Konflikt. Major Peuchen akzeptiert die Entscheidungen des Mannes mit dem Kommando nicht, während dieser die Ratschläge von Peuchen nicht möchte. Zudem verbreitet der Mann mit dem Kommando in Boot 6 eine verzweifelte Stimmung, die letztendlich dazu führt, dass Frauen sich auf Initiative von Margaret Brown an den Rudern organisieren. Das Rudern hält Menschen in allen Booten warm, und in Boot 6 wird auch gegen die Entscheidung des Kommandierenden protestiert, das Rudern einzustellen und sich einfach treiben zu lassen. Zudem ist in Boot 6 ein blinder Passagier entdeckt worden; ein junger Auswanderer hat es irgendwie geschafft, noch an Bord der *Titanic* ins Boot zu gelangen und so lange unentdeckt zu bleiben, bis das Boot schon einige Zeit auf dem Wasser ist. Jedoch ist der junge Mann beim Rudern keine Hilfe: Er hat eine Handverletzung.

Boot 14 kehrt zur Untergangsstelle zurück, allerdings erst einige Zeit nach dem Untergang, als die Hilfeschreie verstummt sind. Zuvor hat der Offizier, der in dem Boot das Kommando hat, einige Boote gesammelt und eine Umbesetzung bei den Insassen vorgenommen, um Boot 14 für die Rettungsaktion zu optimieren. Und so müssen die Insassen – überwiegend Frauen und Kinder – in stockdunkler Nacht mitten auf dem Atlantik in eiskalter Luft und sicherlich auch schon durch die Kälte in der Beweglichkeit eingeschränkt von einem Rettungsboot in ein anderes steigen, wohl wissend, dass jeder Fehltritt einen Sturz ins Wasser bedeutet. Und das Wasser ist sehr kalt. Zudem gibt es in den Booten keine Möglichkeit, nasse Kleidung zu trocknen – man wäre also nach einem Fehltritt durchnässt in der eisigen Kälte. Wie lange es noch dauert, bis ein anderes Schiff zur Rettung kommt, ist ebenfalls unklar.

---

[159] Zitiert in Comption (2012), S. 198 f.

Für die im Wasser Schwimmenden bieten die Boote A und B die beste Chance, sich in vorläufige Sicherheit zu bringen. Doch was ist das für eine Sicherheit? Wer im Wasser geschwommen ist, ist nass, und die Luft ist eisig kalt. Schnell beginnt die Auskühlung und damit droht lebensgefährliche Unterkühlung. Auf den Booten A und B gibt es noch weniger die Möglichkeit, die Sachen zu trocknen als in den anderen Rettungsbooten. Und je mehr Leute die Boote A und B erreichen, umso tiefer sinken sie ins Wasser. Bei Boot A ist der Boden halb geflutet, so dass man in der Nässe stehen oder sogar sitzen oder halb liegen muss. Boot B treibt kieloben, und wer auf das Boot gelangt ist, hat ebenfalls mindestens die Füße im Wasser.

Auf Boot B retten sich unter anderem die Passagiere Archibald Gracie, Jack Thayer und Algernon Barkworth (alle 1. Klasse) sowie Eugene Daly (3. Klasse). Die übrigen Männer auf Boot B sind überwiegend Besatzungsmitglieder, darunter auch der 2. Offizier der *Titanic*, der aufgefordert wird, das Kommando zu übernehmen, als er erkannt wird. Er weist die Männer an, sich in Zweierreihen auf den Kiel zu stellen, damit das Boot ausbalanciert wird. Und dann heißt es warten – darauf, dass ein anderes Boot sie entdeckt und aufnimmt. Warten auf den Morgen, auf Tageslicht, so dass sie von den anderen Booten leichter gesehen werden. Gelegentlich verliert einer der Menschen auf Boot B durch Unterkühlung das Bewusstsein und rutscht ins Wasser. Dadurch kommt das Boot etwas höher aus dem Wasser und erhöht die Überlebenschancen der anderen.

Auf Boot B ist auch einer der beiden Funker. Als er erkannt wird, hat er die willkommene Nachricht, dass die Hilferufe der *Titanic* von vielen Schiffen gehört und auch beantwortet wurden. Von allen Schiffen, die der Funker nennt, wird vermutlich die *Carpathia* als erstes Schiff eintreffen. Sie wird aus dem Südosten kommen und für den frühen Morgen am Unglücksort erwartet. Doch wird die *Carpathia* die Rettungsboote sehen? Die Boote sind so winzig klein auf dem großen Atlantik.

Boot A ist halb geflutet. In dieses Boot schaffen es mehrere Passagiere, darunter einige skandinavische Auswanderer. Auch diese Insassen sind nass und weiter der Kälte ausgesetzt. Auch hier kommt es zu Unterkühlungen und damit zu Todesfällen durch Auskühlung. Hier jedoch müssen die Insassen die Toten über Bord schieben – das allerdings hilft dabei, dass Boot A höher aus dem Wasser kommt und sich die Gefahr des Sinkens reduziert. Unter den Menschen auf Boot A ist auch Olaus Abelseth. Von seinen Verwandten wurde er nach dem Sprung ins Wasser getrennt und hat sie nicht wiedergefunden. Auch eine Frau hat es auch auf Boot A geschafft: Rhoda Abbott aus der 3. Klasse. Ihre beiden Söhne (13 und

16 Jahre alt) hat sie beim Untergang im Wasser verloren. Sie war 1911 nach der Scheidung vom Vater der Kinder mit ihren Kindern nach England zurückgekehrt, doch da die beiden Jungs Heimweh nach den USA hatten, hatte sie sich entschieden, ihnen zuliebe zurückzukehren.

Für die Menschen in den anderen Rettungsbooten ist die Lage nur unwesentlich besser. Zwar sitzen die meisten von ihnen in trockener Kleidung im Boot, doch die Luft ist eisig, und durch die Nähe zum Wasser ist es zudem nasskalt. In einigen Booten dringt Wasser ein, möglicherweise, weil der Leckpfropfen nicht richtig fest sitzt. In diesen Booten müssen die Insassen die ganze Zeit Wasser schöpfen. Selena Cook (Boot 14/Boot D): *„Als wir drifteten, konnten wir den Eisberg sehen, den wir gestreift hatten, er glich einem Berg, und wir waren gezwungen für einige Zeit zu stoppen, da schrecklich viele Wrackteile um uns herum waren. Die ganze Zeit über haben wir erbärmlich in der Kälte gefroren, und es war herzzerreißend, die armen Dinger zu sehen, die nur ihr Nachtzeug anhatten. Wir waren eine bunte Mischung aus 1., 2. und 3. Klasse Passagieren. Die armen Frauen weinten und die Kinder waren auch seekrank. Und dann war da ein kleines Loch im Boden unseres Faltboots und wir mussten für rund siebeneinhalb Stunden Wasser schöpfen."*[160]

Nicht alle Boote haben eine Laterne, so dass die Insassen in völliger Dunkelheit sitzen und nicht mal erkennen können, wer mit ihnen im Boot ist. Einige Passagiere sehen Eisschollen im Wasser, andere entdecken Eisberge in der Nähe. Wieder anderen fällt der mit Sternen übersäte Nachthimmel auf. Unter anderen Umständen hätte man diese Nacht bestimmt als „wundervoll" bezeichnet, die mit höheren Temperaturen sicher auch „romantisch" zu nennen gewesen wäre. Doch es ist eisig kalt, Eisberge sind in der Nähe und niemand weiß, wann Hilfe vor Ort sein wird. Rudern hält einige warm, doch es drängt nun immer mehr die Frage nach Wasser und Nahrungsmittel. Zwar ist noch niemand wirklich hungrig oder durstig, doch da noch keinerlei Rettung in Sicht ist, wird der Zeitpunkt unweigerlich kommen. Emily Ryerson (Boot 4): *„Wir hatten kein Licht und keinen Kompass im Boot. Da waren einige Babys im Boot, aber keine Milch und kein Wasser. Ich glaube, es war irgendwo verstaut, aber keiner wusste wo, und da der Boden des Boots mit Wasser bedeckt war und das Boot voller Menschen, war es schwierig, irgendetwas zu finden."*[161]

---

[160] Zitiert in Quinn (1999), S. 253
[161] Zitiert in Quinn (1999), S. 252

Ein Problem in den Rettungsbooten, das nie so wirklich erwähnt wird, ist auch die fehlende Möglichkeit, eine Toilette aufsuchen zu können. Die Menschen befinden sich in offenen Booten mitten auf dem Atlantik, da gibt es keine versteckten Ecken. Wie dieses Problem in den Rettungsbooten der *Titanic* gelöst wird, ist nicht überliefert.

In einigen Booten sind die Passagiere unzufrieden mit den Besatzungsmitgliedern, die den Booten zugewiesen wurden. Ella White (Boot 8): *„Wie ich zuvor bereits sagte: Die Männer in unserem Boot waren alles, aber keine Seeleute, ausgenommen einem. Die Frauen ruderten alle, jede einzelne von ihnen. Miss Young[162] ruderte die ganze Zeit. Die Männer konnten nicht rudern. Die hatten davon absolut keine Ahnung. Miss Swift aus Brooklyn ruderte die ganze Zeit von dem Dampfer bis zur* Carpathia. *Miss Young ruderte auch die ganze Zeit, wenn sie nicht gerade erbrach, was sie sechs oder sieben Mal machte. Die Countess Rothes stand an der Pinne. Wo wären wir gewesen, wenn unsere Frauen nicht gewesen wären, mit solchen Kerlen wie denen, die man mit dem Kommando über das Boot betraut hatte? Unser leitender Seemann gab einen Befehl und diese Männer, die nichts über die Handhabung eines Bootes wussten, erwiderten: ‚Wenn Du nicht aufhörst, durch das Loch in Deiner Visage zu quatschen, ist gleich einer weniger im Boot!‘ Wir waren in den Händen solcher Männer. Ich schlichtete zwei oder drei Streits zwischen ihnen und beruhigte sie. Man muss sich das mal vorstellen: Man kommt direkt da raus und dann wird eine Pfeife rausgeholt und gestopft und man steht da rauchend, während die Frauen rudern, das war höchst gefährlich.“[163]*

May Futrelle (1. Klasse): *„Wäre Seegang gewesen, wäre unser Rettungsboot bestimmt untergegangen, da die Besatzung überhaupt keine Ahnung von der Bedienung der Ruder hatte. Später gestanden sie mir gegenüber, dass sie Stewards waren. Es gab weder Kompass noch Wasser im Boot.“[164]*

Und dann ist da dieser endlos weite Ozean, der noch leerer erscheint, seit die *Titanic* gesunken ist. Man hält Ausschau nach Lichtern von anderen Schiffen und hofft darauf, dass es bald Tag wird. Lichtblitze geben erst Hoffnung, stellen sich dann aber nur als Nordlichter heraus. Die Laternen, mit denen einige Boote ausgestattet sind, geben ebenfalls Hoffnung, bis der Irrtum erkannt wird. Die

---

[162] Zofe von Ella White
[163] Zitiert in Quinn (1999), S. 252
[164] Zitiert in Quinn (1999), S. 253

sternenklare Nacht sorgt für die Verwechslung von besonders hellen Sternen mit den so sehnsüchtig erwarteten Lichtern eines Rettungsschiffes, das den Schiffbrüchigen der *Titanic* zur Hilfe eilt. Außerdem sind da noch grüne Leuchtkugeln, die anfangs ebenfalls Mut machen, dann aber als Signale identifiziert werden, die aus einem Boot heraus abgefeuert werden. Immerhin ist das eine Möglichkeit, den, wie man hofft, von allen Seiten herbeieilenden Rettern zu zeigen, wo die Rettungsboote sind, damit die Retter nicht so lange suchen müssen.

In Boot 7, das als erstes Boot gefiert wurde, kennt man die Gerüchte, dass Schiffe auf dem Weg zur *Titanic* sind, nicht. Dorothy Gibson (1. Klasse): „*... wir fragten uns, ob der Funker der* Titanic *in der Lage gewesen war, seinen Notruf zu senden. Das machte uns wirklich Sorgen. Ziellos auf der offenen See zu driften mit der Gewissheit, dass der Funk mit einem Schiff kommuniziert hat, egal wie weit entfernt es ist, wäre ein Trost, aber zu driften in der Hoffnung, dass wir vielleicht zufällig ein Schiff treffen, ist was anderes.*"[165]

In anderen Rettungsbooten wissen Passagiere, dass Rettungsschiffe unterwegs sind. Namen kursierten bereits auf der *Titanic*. Es heißt, dass die *Olympic* am Nachmittag eintreffen soll – das bedeutet, dass die Menschen in den offenen Booten noch lange in der Kälte ausharren müssen. Aber es ist immerhin eine Perspektive. Bei Schiffsuntergängen vor Einführung der Funktechnologie auf Schiffen hatten sich zwar Menschen in die Rettungsboote retten können, doch sie konnten nur hoffen, dass ein anderes Schiff ihren Weg kreuzte oder nah genug war, um optische Signale zu erkennen und darauf richtig zu reagieren. Dank des Funks weiß man jedenfalls, dass Hilfe herbeigerufen wurde und man nach der *Titanic* und ihren Rettungsbooten suchen wird, sobald andere Schiffe den Unglückort erreicht haben.

Gleichzeitig besteht die Sorge in den Booten, dass ein heraneilendes Rettungsschiff die Boote – besonders die ohne Laternen – übersehen und so über den Haufen fahren könnte. Also sucht man nach brennbaren Materialien und bereitet daraus Fackeln vor, die man bei Herannahen eines Schiffes abbrennen möchte, um so die Aufmerksamkeit auf sich zu lenken und gleichzeitig zu verhindern, dass das andere Schiff das kleine Rettungsboot irrtümlich versenkt.

---

[165] Zitiert in Quinn (1999), S. 262

Boot 8 gibt im Laufe der Nacht den Versuch auf, das andere Schiff, dessen Lichter so deutlich zu sehen sind, zu erreichen. Man hat den Eindruck, dem anderen Schiff einfach nicht näher zu kommen. Der Seemann mit dem Kommando im Boot, ein Vollmatrose, hat die Pinne der Countess of Rothes übergeben. So kann er beim Rudern unterstützen. Die Countess of Rothes macht ihre Aufgabe sehr gut.

Auch in Boot 2 übernimmt eine Frau die Pinne. Der 4. Offizier, der das Kommando in dem Boot hat, überträgt Mahala Douglas (1. Klasse) diese Aufgabe, damit er selbst dem einzigen anderen Seemann an Bord beim Rudern helfen kann. Mahala Douglas erhält vom Offizier Anweisungen, wohin sie steuern soll.

In Boot 6 ist die Situation weiter angespannt. Der Mann mit dem Kommando beharrt darauf, an der Pinne zu bleiben, obwohl er erbärmlich friert. Und er zeichnet ein düsteres Bild von dem, was die Insassen erwartet: Sie werden, so seine Prognose, entweder verhungern oder ertrinken. Verhungern, da sie fernab von Land und ohne Nahrungsmittel an Bord sind, oder ertrinken, wenn der Seegang zunimmt und das offene Ruderboot kentert. Die Frauen lassen sich jedoch nicht so schnell entmutigen und halten dagegen, während Major Peuchen schweigend rudert.

Boot 1 ist nur mit zwölf Personen besetzt, davon zwei Frauen und sieben Besatzungsmitglieder. Mehrheitlich hat man sich dagegen entschieden, zur Untergangsstelle zurück zu rudern und nach Überlebenden zu suchen, die man an Bord nehmen kann. Boot 1 ist zugelassen für 40 Personen, es sind also theoretisch noch 28 Plätze frei. Die Besatzungsmitglieder wissen, dass ihre Bezahlung mit dem Untergang der *Titanic* endet, und sie wissen auch, dass die Reederei nur noch dafür sorgen wird, dass sie wieder nach England kommen – wenn sie denn gerettet werden. Sie müssen alles, was ihnen gehört hat und mit der *Titanic* untergegangen ist, auf eigene Kosten neu beschaffen. Das ist für Vollmatrosen wie für Heizer nicht einfach. Sir Cosmo Duff Gordon gibt auf gezielte Nachfrage eines Besatzungsmitgliedes zu, dass er in der Lage ist, problemlos seine Verluste beim Untergang der *Titanic* zu ersetzen – und Sir Cosmo Duff Gordon verspricht den sieben Besatzungsmitgliedern in Boot 1, dass er jedem von ihnen nach der Rettung einen Scheck in Höhe von £ 5 ausstellen wird. £ 5 ist der Monatslohn eines Vollmatrosen, Heizer erhalten einen Lohn von £ 6.

Im Laufe der Nacht treffen sich weitere Boote – Boot 7 und Boot 5 sowie Boot 6 und Boot 16. Zwischen Boot 5 und Boot 7 findet eine Umbesetzung statt, um die beiden Boote etwas gleichmäßiger auszulasten. Und aus Boot 16 wechselt ein Heizer in Boot 6, um beim Rudern zu helfen. Kurz danach eskaliert die Situation in Boot 6 in einer Form, dass Margaret Brown (1. Klasse) dem Mann mit dem Kommando droht, ihn über Bord zu werfen, wenn er verhindert, dass Boot 6 und 16 wieder voneinander getrennt werden und die Insassen von Boot 6 etwas rudern können, um warm zu bleiben. Die Passagiere, angeführt von Margaret Brown, setzen sich durch.

In den Booten hofft man, dass es endlich Tag wird. Es ist weiterhin eisig kalt, und es ist einsam auf dem weiten Nordatlantik. In Boot 2 hört man, wie der Atlantik gegen Eisberge klatscht und weiß so, dass man von Eis umgeben ist. In Boot D hört man Männerstimmen und glaubt, in einiger Entfernung eine Gruppe als zusammengedrängte Masse beieinander stehen zu sehen. Doch man hat Befehl erhalten, mit den anderen Booten, die der 5. Offizier Lowe gesammelt hat, zusammen zu bleiben, bis Lowe mit Boot 14 von der Untergangsstelle zurückkehrt.

In vielen Booten geht man davon aus, dass die *Olympic* am Nachmittag eintreffen wird. Doch bis dahin ist es noch eine ganz lange Zeit; die Morgendämmerung hat noch nicht mal eingesetzt. Es ist weiterhin stockdunkle Nacht. Man sitzt mit Fremden in einem Boot, kann zum Teil ihre Gesichter nicht erkennen, und nicht alle sprechen und verstehen Englisch. Und diejenigen, die der englischen Sprache nicht mächtig sind, wissen noch weniger als die anderen, wie es weitergehen wird. Es ist bitterkalt in den offenen Booten, und viele Insassen der Boote sind für den langen Aufenthalt auf dem Wasser in der arktischen Kaltluft einfach nicht ausreichend warm angezogen. Doch die Kälte kriecht auch bei denen, die sich vorausschauend warm angezogen haben, in die Kleidung hinein. Wer rudern kann, der kann sich dadurch warm halten. In einigen Booten sucht man nach Nahrungsmitteln und wird nicht fündig. Nur die Notfallboote 1 und 2 sind standardmäßig mit Wasser und Schiffszwieback ausgerüstet. Wenn in den anderen Booten vor dem Abfieren kein Proviant gebracht wurde, gibt es keine Nahrungsmittel an Bord. Und eine wirkliche Vorstellung, wie lange man noch so alleine in den Booten auf dem Nordatlantik ausharren muss, hat niemand. Wenn vor Ankunft der Retter noch Wind und Seegang aufkommen, können die kleinen Rettungsboote nicht nur kentern, sondern auch auseinander getrieben werden. Die Geschichte der Seefahrt ist auch voller Geschichten von Schiffbrüchigen, die es zwar noch in ein Rettungsboot geschafft haben, doch das Boot ist auf dem Meer verschollen. Es ist letztendlich eine verzweifelte Situation.

Dann wird ein Lichtblitz im Südosten gesehen. Ein zweiter Lichtblitz folgt. Das sind Raketen, und die können an dieser Stelle der Welt nur von einem Schiff aus abgefeuert werden – ist da etwa jemand auf dem Weg zu den Schiffbrüchigen? Bald nach der Rakete sieht man auch ein Mastlicht über den Horizont hervorkommen, dem bald ein zweites Licht folgt – es gibt keine Zweifel mehr: Ein Schiff kommt! Niemand fragt sich, was das für ein Schiff sein könnte – es ist die Rettung. Schon bald wird man wieder ein Deck unter den Füßen haben und in geheizten Räumen sein. Lawrence Beesley (2. Klasse/Boot 13): *„Und dann kroch ein Licht an der Stelle über die See, wo auch der Blitz gesehen wurde, und unmittelbar danach ein zweites Licht. Nach einigen Minuten standen beide gut sichtbar über dem Horizont und blieben übereinander! Aber wir waren schon so oft getäuscht worden, und so warteten wir etwas länger, bevor wir uns eingestanden, dass wir in Sicherheit sein würden."*[166]

Auch in anderen Booten wird dieses Licht gesehen, das allmählich zu einem Schiff wird. Von einigen früher, von anderen später. Und immer macht sich Erleiterung breit. Ein Ende der Zeit in den offenen Rettungsbooten ist in Sicht. Doch nun wird die Sorge akut, dass das Schiff die Boote, von denen die wenigsten eine Laterne haben, nicht sieht. In einem Rettungsboot wird ein Strohhut einer Passagierin angezündet, in einem anderen Rettungsboot stellt eine Passagierin Briefe zur Verfügung, die sie in ihrer Handtasche bei sich hat. So hofft man, auf sich aufmerksam zu machen.

Und ganz allmählich wird es auch heller – die lang ersehnte Morgendämmerung beginnt. Bertha Mulvihill (3. Klasse/Boot 15): *„Die Morgendämmerung setzte gerade ein, als ich in weiter Entfernung ein Licht sah. Ich sprach mit dem Seemann, der mir am nächsten saß, darüber und fragte ihn, ob das vielleicht ein Schiff sein könnte, das zu unserer Hilfe kam. Er sagte, das muss das Licht eines Schiffes sein, doch ein anderer meldete sich zu Wort und meinte, dass es vielleicht nur das Licht eines anderen Rettungsbootes ist. Dann brachen zwei große grüne Lichter aus dem Dunst darüber, und wir wussten, dass ein Schiff kam, um uns zu retten. Wir jubelten und jubelten und jubelten. Einige weinten. Ich saß ganz ruhig da und sprach ein kleines Gebet."*[167]

---

[166] Beesley und Baak (2012), S. 55
[167] Zitiert in Quinn (1999), S. 263

Mit der einsetzenden Morgendämmerung kommt eine Brise auf. Die bisher so spiegelglatte See wird nun bewegter. In Boot 14 wird der Mast aufgestellt und das Segel gesetzt. In anderen Booten, gerade in den voll beladenen wie Boot 13 und Boot 15 sowie in den Faltbooten C und D mit ihren Segeltuchseiten, macht man sich eher Sorgen, ob sich das jeweilige Boot trotz der Wellen halten kann. Wasser, das ins Boot spritzt, ist eisig kalt. Und der Wind verstärkt die Auskühlung der Menschen in den Booten. Immerhin ist nun ein Schiff in Sicht. Die Rettungsboote, die weit verstreut auf dem Wasser sind, steuern jetzt alle auf den Dampfer zu, der immer näher kommt. Nun hat man endlich ein Ziel. Das verleiht neue Kräfte. Gleichzeitig ist man vorsichtig, da man mit der Rettung vor Augen nicht noch kentern will. Nur die Menschen auf den Booten A und B, die quasi als Flöße im Wasser treiben, können weiterhin nichts machen als sich irgendwie auf dem jeweiligen Boot zu halten und weiterhin zu versuchen, der Kälte zu trotzen. Doch nicht jedem gelingt das. Selbst mit der Rettung bereits in Sichtweite, sterben Menschen an Unterkühlung. Und die Überlebenden können beim besten Willen nichts mehr für diese Menschen tun. Es fehlt schlicht und ergreifend an Wärme und an trockener Kleidung.

In der Dunkelheit können die Schiffbrüchigen in den Booten den Namen des Dampfers, der zu ihnen gekommen ist, noch nicht lesen und auch keine Reedereifarben erkennen. Für sie ist es erstmal ein namenloses Schiff, aber eben eines, das sie an Bord nehmen und ihnen Schutz, Wärme und Nahrung bieten will. Und: Es ist ein Passagierschiff. Das lässt sich an den Lichtern und Aufbauten erkennen. Da gibt es mehr Platz und Unterkunft für die Schiffbrüchigen als auf einem Frachter. In diesem Moment fragt sich noch keiner, woher das Schiff eigentlich kommt und wohin es fahren wird. Es ist erstmal nur die Rettung!

Boot 2 erreicht das Rettungsschiff als erstes Rettungsboot in der ganz frühen Morgendämmerung, als es noch fast dunkel ist. Boot 2 muss seemännisch falsch an Luv aufgenommen werden, da direkt vor dem Bug des Schiffes ein Eisberg aufragt, und Boot 2 zu schlecht bemannt ist, um unter dem Heck hindurch zur Leeseite zu rudern. Mahala Douglas: *„Als wir längsseits gingen, rief Mr Boxhall: ‚Stoppen Sie Ihre Maschinen und nehmen Sie uns an Bord. Ich habe nur einen Seemann.' In diesem Moment rief ich: ‚Die* Titanic *ist mit Mann und Maus untergegangen', und Mr Boxhall sagte, ich solle die Klappe halten."*[168]

Das Schiff ist die *Carpathia* der Cunard Line, wie die ersten Geretteten erfahren. Auf die *Carpathia* gelangt man über ein Gangwayluk, das man vom Boot aus mit einer Jakobsleiter, das ist eine Art Strickleiter, erreicht. Das bedeutet jedoch für die durchgefrorenen Insassen, dass sie mehrere Meter an einer schwankenden Strickleiter in die Höhe klettern müssen – unter sich das offene Ruderboot und natürlich der eiskalte Atlantik. Und in der Brise und zunehmenden Dünung liegt auch die *Carpathia* nicht ruhig im Wasser. Für Kinder ist dieser Aufstieg ganz unmöglich zu meistern, aber es gibt eine Lösung: Man steckt sie in Säcke, die dann über ein Tau nach oben gezogen werden, wo Besatzungsmitglieder der *Carpathia* das Kind in Empfang nehmen. Für die Frauen werden Bootsmannstühle herunter gelassen – das sind an Seilen befestigte Bretter, auf die man sich setzen kann. Und diese Bretter werden an den Seilen wieder nach oben gezogen, bis Besatzungsmitglieder der *Carpathia* die Überlebenden am Gangwayluk in Empfang nehmen können. Doch einige Frauen klettern auch selbständig die Jakobsleiter an Bord. An Bord gekommen, werden die Überlebenden zuerst von einem Arzt kurz untersucht und dann entweder zum Speisesaal ihrer jeweiligen Klasse geführt, wo bereits heiße Getränke und Brandy auf die durchgefrorenen Menschen warten oder zur Krankenstation gebracht.

Die *Carpathia* manövriert nach dem Entladen von Boot 2 weiter in dem Eisfeld, das sich im immer weiter zunehmenden Tageslicht den Überlebenden und den Rettern präsentiert. Noch haben weder Gerettete noch Retter an Bord der *Carpathia* einen vollständigen Überblick über das Ausmaß des Unglücks. Wie viele Boote sind noch draußen und wie viele Menschen warten darin auf Rettung? Es kann auch noch niemand sagen, ob alle Boote von der *Titanic* gefiert werden konnten, nach wie vielen Booten also insgesamt gesucht werden muss. Aber man weiß, dass das Unvorstellbare geschehen ist, dass die *Titanic,* das größte und neueste Schiff der Welt, gesunken ist. Die Geretteten haben den Untergang mit eigenen Augen ansehen müssen. Und sie wissen auch durch die Schreie, die sie

---

[168] Zitiert in Quinn (1999), S. 268

nach dem Untergang gehört haben, dass nicht alle Menschen von der *Titanic* in Rettungsboote von Bord gegangen sind.

Als zweites Boot erreicht Boot 1 das Rettungsschiff. Es sind nur zwölf Menschen in diesem Boot – nach 17 Menschen, die in Boot 2 waren. Warum wurden die Boote nicht voller besetzt? Und warum wurden keine weiteren Menschen aufgenommen, als diese im Wasser um Hilfe riefen? Diese Fragen werden schon bald gestellt werden.

Im immer weiter zunehmenden Tageslicht sieht man von der *Carpathia* aus weitere Rettungsboote der *Titanic*, die sich mehr oder weniger verstreut zwischen Eisbergen befinden. Die *Carpathia* fährt den Booten so gut es eben geht entgegen, während die Boote alle auf die *Carpathia* zustreben. Dennoch dauert es nun einige Zeit, bis das dritte Boot, Boot C, ein Faltboot, aufgenommen werden kann. Es scheint voll besetzt zu sein. Einer der Insassen ist Joseph Bruce Ismay, Vorstandsvorsitzender der White Star Line. Als er an Bord der *Carpathia* kommt, steht er sichtlich unter Schock, will nichts essen oder trinken, sondern nur einen Platz, wo er seine Ruhe hat. Der englische Schiffsarzt der *Carpathia* bringt Ismay in seiner Kabine unter, die Ismay bis zur Ankunft in New York nicht mehr verlassen wird.

Mittlerweile ist auch die Sonne hinter dem Horizont hervorgekommen. Der 15. April 1912 ist ein strahlend schöner Morgen, und die Schiffbrüchigen finden sich in einer Winterlandschaft auf See wieder. In Boot 3 ruft der kleine Douglas Spedden seinem Kindermädchen zu: *„Oh, Muddie, guck Dir den wunderschönen Nordpol ohne Santa Claus an."*[169]

Hugh Woolner (1. Klasse/Boot D): *„Als ich mich umsah, sah ich etwa zwanzig Eisberge, die aussahen wie Fotos von der Antarktis-Expedition*[170]. *Der ganze*

---

[169] Spedden und McGaw (1994), S. 43

[170] Im Jahr 1910 waren der Engländer Robert Falcon Scott und der Norweger Roald Amundsen mit zwei konkurrierenden Expeditionen zum Südpol aufgebrochen. Im März 1912 wurde bekannt, dass Amundsen am 14. Dezember 1911 den Südpol erreicht hatte. Das Schicksal von Scotts Expedition war im April 1912 noch unbekannt, da Scott mit seinen Leuten noch nicht vom Südpol zurück war, als das Versorgungsschiff nach Neuseeland zurückkehrte. – Vor Scott und Amundsen war Sir Ernest Shackleton 1908/09 in der Antarktis gewesen, hatte den Südpol aber nicht erreicht. Über diese Expedition hatte Shackleton 1909 erstmals ein Buch veröffentlicht, das bereits 1910 in zweiter Auflage erschien. Ein Exemplar von Shackletons Buch (Ausgabe unbekannt) befand sich auch in der Bibliothek der 1. Klasse auf der *Titanic*.

Horizont bestand aus Schnee – die Kante eines Feldes, das, wie sich herausstellte, mindestens 40 Meilen lang war und dennoch vom Ausguck der Titanic *nicht gesehen worden war und wir waren mit voller Fahrt voraus durch die Nacht gefahren."*[171]

In der aufgehenden Sonne bietet sich den Menschen in den Rettungsbooten ein fantastisches Bild: Zwischen von der Sonne in goldenes Licht getauchten Eisbergen unterschiedlichster Größe rudern weiße Rettungsboote zu dem Dampfer hin, dessen schwarzer Rumpf, weiße Aufbauten und roter Schornstein mit schwarzen Ringen sich von der Umgebung abhebt. Das Schiff ist ein Dampfer älterer Bauart und deutlich kleiner als die *Titanic*. Die Schornsteinfarbe verrät es bereits als Schiff der Cunard Line, doch erst beim Näherkommen lesen die Leute in den Rettungsbooten auch den Namen des Retters: *Carpathia*.

Lawrence Beesley: *„Um uns herum sahen wir nun Boote, die auf die* Carpathia *zuhielten, hörten ihre Rufe. Unsere Mannschaft ruderte kräftig in freundschaftlicher Konkurrenz mit anderen Booten, um mit als erste dort zu sein. Aber wir müssen wohl die achten oder neunten an der Schiffsseite gewesen sein. Wir waren schwer beladen und mussten rund um einen ausgewachsenen Eisberg rudern, der auf unserem Weg lag."*[172]

Die Männer auf Boot B stehen dicht gedrängt in einer Zweierreihe auf dem Kiel und helfen sich so gut es geht gegenseitig. Nicht alle können noch stehen; ihre Beine sind zu sehr ausgekühlt. Jack Thayer stützt mit einigen anderen den 2. Funker Harold Bride, der sonst ins Meer gerutscht und umgekommen wäre. Der zunehmende Seegang lässt das Boot schwanken, wodurch Wasser aus dem Hohlraum unter dem Boot entweicht und das Boot tiefer ins Wasser sinkt. Das wiederum bedeutet, dass die Männer auf dem Boot mit ihren Füßen und Beinen wieder ins Wasser geraten. Der 2. Offizier Lightoller versucht, das Boot auszubalancieren, indem er die Bewegung des Bootes im Seegang antiziert und die Männer auffordert, sich zur entgegengesetzten Seite zu lehnen. Die Männer sehen im zunehmenden Licht Rettungsboote in ihrer Nähe, doch auf ihre verzweifelten Rufe „Boot ahoi" reagiert niemand. Der 2. Offizier hat seine Trillerpfeife dabei und bläst kräftig hinein. Dieses Signal wird in Boot 4 gehört und verstanden – zusammen mit Boot 12 macht man sich auf den Weg zu der Gruppe

---

[171] Behe (2011/1), S. 182
[172] Beesley und Baak (2012), S. 57

Männer, die, so hat man den Eindruck von den Booten aus, auf irgendetwas im Wasser stehen.

Emily Ryerson (1. Klasse/Boot 4): *„Es war sehr kalt und bald kam eine Brise auf, und es war schwer, unser schweres Boot mit dem Bug in die Wellen zu halten, doch als die Schreie verstummt waren, konnten wir etwas schwach erkennen, was wie ein Floß aussah, auf dem 20 Mann Rücken an Rücken standen. Es war das gekenterte Boot, und da einer der Seemänner in unserem Boot sagte, dass wir immer noch acht oder zehn mehr aufnehmen könnten, riefen wir nach einem anderen Boot, das sich bereit erklärte, mit uns die anderen zu retten. Also lösten wir unsere Leinen*[173] *und teilten die Männer unter uns auf. Sie waren so gut wie tot und hätten nicht mehr sehr viel länger durchgehalten.“*[174]

Jack Thayer (1. Klasse) ist auf Boot B, seine Mutter in Boot 4, doch er geht in Boot 12: *„Das erste nahm die Hälfte von uns auf. Meine Mutter war in dem Boot, sie hatte fast die ganze Nacht gerudert. Sie sagt, dass sie glaubte, mich erkannt zu haben. Ich habe sie nicht gesehen. Das andere Boot nahm den Rest von uns auf. Wir mussten Harold Bride anheben. Es stand sehr schlecht um ihn, und ich glaube, er wäre vom Boden unseres gekenterten Bootes gerutscht, wenn nicht einige von uns ihn die letzte halbe Stunde festgehalten hätten.“*[175]

Auch Boot D ist in Schwierigkeiten. Durch die Umbesetzung, die der 5. Offizier Lowe nach dem Untergang vorgenommen hatte, um mit seinem Boot 14 zur Untergangsstelle zurückzukehren, war es voller in dem Boot geworden. Außerdem ist Boot D leck. Nun sieht Lowe, der in Boot 14 den Mast aufgestellt und das Segel gesetzt hat, Boot D. Er segelt zu dem Boot und bietet an, es in Schlepp zu nehmen, was dankbar angenommen wird. Doch dann sieht der Offizier Boot A, das in viel größeren Schwierigkeiten steckt. Die Schiffbrüchigen auf Boot A sind mehr tot als lebendig, doch es gelingt ihnen immer noch, gemeinsam um Hilfe zu rufen. Bevor Boot 14 Boot D in Schlepp nimmt, segelt Boot 14 zu Boot A und rettet die Überlebenden – acht Männer, davon sechs Passagiere (2 aus der 1. Klasse, 1 aus der 2. Klasse, 3 aus der 3. Klasse) und eine Frau aus der 3. Klasse.

---

[173] Der 5. Offizier Lowe hatte mit Boot 14 einige weitere Boote gesammelt, darunter auch Boot 4 und 12, und diese Boote miteinander verbunden und aufgefordert, zusammen zu bleiben, während er mit Boot 14 zur Untergangsstelle zurückkehrte.
[174] Zitiert in Quinn (1999), S. 260
[175] Zitiert in Quinn (1999), S. 261

Olaus Abelseth (3. Klasse/Boot A): *„Am nächsten Morgen konnten wir einige der Rettungsboote sehen. Eines der Boote hatte ein Segel gesetzt und es kam ziemlich nahe und dann sagten wir: ‚Eins, zwei, drei' Wir sagten das recht häufig. Wir sprachen nicht sehr viel, außer dass wir sagten: ‚Eins, zwei, drei' und dann zusammen um Hilfe riefen."*[176]

Rhoda Abbott ist die Frau auf Boot A. Sie lobt den 5. Offizier, der von anderen Frauen wegen seiner Ausdrucksweise und seines rauen Verhaltens kritisiert wird, in höchsten Tönen: *„Wäre Offizier Lowe nicht gewesen, wäre ich ertrunken. Ich war beinahe erschöpft, als er mich in sein Rettungsboot hob. Es wäre einem Offizier unmöglich gewesen, mehr Höflichkeit an den Tag zu legen, und viel von der Kritik, die gegen diesen Mann erhoben wurde, ist sehr ungerecht."*[177]

Nachdem die Überlebenden aus Boot A sicher in Boot 14 sind, wendet sich Lowe wieder Boot D zu, nimmt es erneut in Schlepp und segelt zur *Carpathia*. In den anderen Booten hingegen müht man sich weiter an den Rudern ab. Doch auch diese Boote erreichen die *Carpathia*. Einige scheinen voll beladen zu sein, andere halbleer. Manche Insassen haben nur Nachtzeug am Körper, andere sind warm gekleidet, noch wieder andere tragen etwas zwischen diesen beiden Extremen.

Die zeitlichen Abstände zwischen der Ankunft der Boote werden nun auch kürzer. Viele Insassen frieren erbärmlich in der Kälte, die durch den Wind noch verstärkt wird. Doch es bleibt dabei: Die Insassen der Boote müssen irgendwie die Bordwand hinauf zum Gangwayluk. Dafür gibt es entweder die Jakobsleiter oder Bootsmannsstühle für die Erwachsenen, auch für die Verletzten, und für die Kinder Säcke. Von den Männern wird weiterhin erwartet, dass sie, sofern sie nicht offensichtlich verletzt sind, selbständig über die Jakobsleiter an Bord kommen. Doch es gibt auch Frauen, die diesen Weg wählen. Für die anderen gibt es die Bootsmannsstühle. Für die Kinder ist es eine erschreckende Erfahrung, in einen Sack gesteckt und an Bord gezogen zu werden, besonders nach der Nacht in dem kalten Rettungsboot. Und auch für die Mütter ist es eine angstvolle Zeit, in der der Sack mit dem Kind an Bord gehievt wird, immer in Gefahr, gegen die Bordwand zu schlagen – oder womöglich, wenn das Kind aus dem Sack genommen wird, ins Wasser fallen gelassen zu werden. Doch alles geht gut.

---

[176] Zitiert in Quinn (1999), S. 267
[177] Pawtucket Times, 22. Mai 1912, zitiert in Fitch et al. (2012), S. 248

Die an Bord der *Carpathia* gekommenen Überlebenden sind alle durchgefroren, viele unterkühlt in den Stunden in der Kälte und oftmals nur dünn bekleidet. Es gibt Überlebende, die ihre Extremitäten nicht mehr spüren und deswegen gucken müssen, ob ihre Beine noch da sind. Andere Überlebende haben nur bruchstückhafte Erinnerungen an die Zeit in den Booten. Alle Überlebenden werden an Bord der *Carpathia* mit heißen Getränken oder auch Brandy sowie mit Decken und durchaus auch Kleidung versorgt, und die Lebensgeister kehren zurück. Beim Friseur an Bord kann man Zahnbürsten kaufen, doch natürlich gibt es nicht genug davon für alle Überlebenden, von denen keiner seine Zahnbürste mit ins Rettungsboot genommen hat. Passagiere und Besatzung der *Carpathia* geben Kleidung und Schuhe, die sie entbehren können, denn die Überlebenden haben nur das, was sie am Leibe tragen, und das ist in einigen Fällen auch noch nass.

Auch die Krankenstation der *Carpathia* füllt sich. In erster Linie sind es Knochenbrüche und Prellungen, die behandelt werden müssen. Am Ende der Rettungsaktion werden in einigen Krankenbetten zwei Patienten liegen. Es ist einfach zu wenig Platz auf der *Carpathia*.

Beim Entladen der Boote kommt es manchmal auch zu kleinen Nickligkeiten. In Boot 3 zum Beispiel ist eine „fette"[178] Frau, die die ganze Nacht bereits durch ihre bestimmende Art Daisy Spedden auf die Nerven gegangen ist – und auch dadurch, dass sie aus ihrer Taschenflasche mit Brandy getrunken hat, ohne den anderen etwas anzubieten. Doch Daisy Spedden bekommt ihre Revanche: Als sich Boot 3 der *Carpathia* nähert, springt die andere Frau auf, obwohl sie aufgefordert worden war, noch sitzen zu bleiben. Es ist Daisy Spedden ein Vergnügen, diese Frau an ihrer Schwimmweste zu packen und runter zu ziehen, so dass die Frau auf den Boden des Bootes fällt und ihre Füße in die Luft ragen. Selbstverständlich lässt man dieser Frau, die ob dieser Behandlung richtig wütend geworden ist, den Vortritt, als es darum geht, wer zuerst mit dem Bootsmannsstuhl auf die *Carpathia* gezogen wird[179]. Allerdings bleibt beim Entladen von Boot 3 der Kuscheleisbär von Douglas Spedden im Boot zurück[180].

---

[178] Behe (2011/1), S. 178
[179] Behe (2011/1), S. 136
[180] Ein Seemann der *Titanic* findet das Kuscheltier später an Deck der *Carpathia* – beim Anbordnehmen von Boot 3 ist das Kuscheltier vermutlich aus dem Boot gefallen – und bringt ihn zu dem Jungen, der das Kuscheltier bereits schmerzlich vermisst hat.

An der Reling der *Carpathia* versammeln sich mit zunehmender Dauer der Rettungsaktion immer mehr Menschen: Die Passagiere der *Carpathia* und bereits an Bord genommene und versorgte Überlebende, die die Ungewissheit über das Schicksal von Angehörigen oder Freunden und Bekannten nicht unter Deck hält. Die Überlebenden an der Reling spähen in jedes neu ankommende Boot und halten Ausschau nach vertrauten Gesichtern. Und mit jedem weiteren Boot, das die *Carpathia* erreicht, wird das Ausmaß des Unglücks deutlicher. Natürlich bleibt Hoffnung, solange noch nicht alle Boote geborgen sind, doch mit jedem weiteren Boot, das anlegt, schwindet auch Hoffnung. Und obwohl weiterhin nur die *Carpathia* vor Ort ist, klammern sich besonders Frauen und Kinder an den Glauben, dass sich ihre Ehemänner oder Väter auf einem anderen Schiff befinden. Einige Frauen verlieren durch den Tod ihrer Arbeitgeber ihren Arbeitsplatz, so z. B. die Zofen der Straus' und Allisons sowie Allisons Kindermädchen und Köchin.

Doch es gibt auch Momente des Wiedersehens: Charles Stengel, der einer der wenigen Insassen von Boot 1 war, trifft seine Frau wieder, die mit Boot 5 vor ihm die *Titanic* verlassen hat, aber nach ihm die *Carpathia* erreicht. Auch Dr. Washington Dodge trifft seine Frau und seinen Sohn auf der *Carpathia* wieder – er kommt mit Boot 13 nach Boot 5, in dem seine Frau und sein Sohn die *Titanic* verlassen haben, an. Auf der *Carpathia* reist auch ein Bekannter von Dr. Dodge, der seine Kabine Dodges Frau und Sohn überlässt.

In Boot D befinden sich drei kleine Jungen, die ganz offensichtlich ohne Eltern in dem Boot sind. Einer der Jungen, Michael Peter Yūsuf, wird auf der *Carpathia* von seiner Mutter in Empfang genommen – der Vierjährige war auf der *Titanic* von seiner Mutter und Schwester getrennt worden und irgendwie in Boot D gelangt. Doch die anderen beiden Jungen bleiben auch auf der *Carpathia* allein. Der eine ist noch zu klein, um sprechen zu können, der andere scheint nur Französisch zu sprechen. Margaret Hays nimmt sich der beiden erstmal an[181].

Die Geretteten kommen mit den Menschen auf der *Carpathia* ins Gespräch und erfahren, dass das Ziel des Dampfers das Mittelmeer ist – Gibraltar, Neapel, Triest, Fiume. Doch noch bevor alle Schiffbrüchigen geborgen sind, ist die

---

[181] Bei diesen beiden Kindern handelt es sich um Michel und Edmond Navratil, deren Eltern sich getrennt hatten. Ihr Vater hatte sie Ostern 1912 entführt und war mit ihnen unter falschem Namen in der 2. Klasse auf der *Titanic* gereist. Der Vater hat sich nicht gerettet. Bis die in Frankreich lebende Mutter ihre beiden Jungen auf einem Zeitungsbild erkennt, weiß niemand, wer diese beiden Jungen sind. Die Mutter reist nach New York, wo sie am 16. Mai 1912 eintrifft und ihre Söhne wiedersieht.

Carpathia bereits überfüllt, und es ist schwer, an Bord noch akzeptable Plätze für die Überlebenden oder die eigenen Passagiere, die ihre Kojen zugunsten der Überlebenden aufgegeben haben, zu finden, da alle Kabinen belegt sind. Der Weg ins Mittelmeer ist noch weit, und so sind die Geretteten erleichtert, als es an Bord der *Carpathia* heißt, dass der Kapitän entschieden hat, nach New York, dem Zielhafen der *Titanic* und dem Auslaufhafen der *Carpathia*, zurückzukehren.

Und die Rettungsarbeiten gehen weiter. Ein Boot nach dem anderen kommt zur *Carpathia,* und die Überlebenden werden an Bord genommen. Mittlerweile weht die Hausflagge der *Carpathia* auf Halbmast, ein Schiff trauert. Die Bergungsarbeiten schreiten ziemlicher Stille voran, zu geschockt sind Gerettete und Retter. Die *Carpathia* füllt sich weiter mit Überlebenden, die froh und dankbar sind über die Wärme an Bord und die Fürsorge, mit der man sie sofort bedenkt. Doch die Schiffbrüchigen, die später an Bord kommen, können nicht mehr alle in Kabinen untergebracht werden. Sie müssen, wie viele Passagiere der *Carpathia*, die ihre Kabinen für die Überlebenden aufgegeben haben, mit Schlafplätzen auf den Tischen oder dem Fußboden der Rauchsalons und Bibliothek vorlieb nehmen. Doch immerhin ist man in Sicherheit.

Gegen 8 Uhr morgens kommt ein anderes Schiff näher. Es ist ein Frachter, der als *Californian* der Leyland Line identifiziert wird. Per Flaggensignale teilt die *Carpathia* der *Californian* mit, was geschehen ist. Die *Californian* wird kein Rettungsboot mehr aufnehmen. Die Boote, die noch auf See sind, streben bereits der *Carpathia* zu und beachten das andere Schiff gar nicht mehr.

Bild oben: *Die* Titanic. *Bis zu ihrem Untergang war man sich sicher, dass moderne Schiffe sich zumindest so lange schwimmend halten könnten, bis Hilfe vor Ort und die Evakuierung abgeschlossen war.*

Bild unten: *Die* Carpathia. *Sie wurde überwiegend im Mittelmeerdienst von und nach New York eingesetzt und war das erste Schiff am Unglücksort. Doch da war die* Titanic *bereits gesunken.*

(Beide Fotos: Sammlung Malte Fiebing-Petersen, Vorsitzender Deutscher Titanic-Verein von 1997 e. V.)

Oben: *Boot 14 nähert sich mit Boot D in Schlepp der* Carpathia.
Unten: *Eines der Faltboote erreicht die* Carpathia. *Gut zu erkennen sind die Seitenwände aus Segeltuch, die vor dem Beladen aufgestellt werden mussten.* (Beide Fotos: Sammlung Malte Fiebing-Petersen, Vorsitzender des Deutschen Titanic-Vereins von 1997 e. V.)

15. April 1912:
8 Uhr

Vor 12 Stunden schwamm die *Titanic* noch – ihre Passagiere waren beim Abendessen oder hatten bereits gegessen. Nun sind fast alle Überlebenden an Bord der *Carpathia.* Nur ein Rettungsboot – Boot 12 – ist noch nicht beim Rettungsschiff angekommen. Es ist überladen, da es Menschen von Boot B aufgenommen hat, und kämpft mit dem mittlerweile aufgekommenen Seegang. Es hat nur wenige Zentimeter Freibord. Mit bangen Blicken verfolgen die Menschen auf der *Carpathia*, wie sich Boot 12 schwerfällig dem Schiff nähert. Kapitän Rostron wird mit der *Carpathia* dem Boot so weit es geht entgegen kommen, und auch Boot 12 wird es schaffen und alle Insassen an Bord der *Carpathia* gelangen.

Die Rettungsarbeiten der *Carpathia* werden gegen 8:30 Uhr abgeschlossen sein, und dann wird das ganze Ausmaß des Unglücks klar werden: Von den 2.208 Menschen an Bord der *Titanic* überleben 712. Die anfangs oft gehegte Hoffnung, dass auch andere Schiffe noch Überlebende geborgen haben, wird sich nicht erfüllen. Damit haben 1.496 Menschen ihr Leben beim Untergang der *Titanic* verloren. Diese Menschen waren Ehepartner, Väter, Mütter, Kinder, Freunde und Kameraden. Sie hinterlassen Angehörige und Freunde unter den Überlebenden und auch an Land, wo die Nachricht vom Untergang der *Titanic* noch gar nicht bekannt ist. Dort melden die Zeitungen am 15. April 1912, dass die *Titanic* auf ihrer Jungfernfahrt mit einem Eisberg zusammengestoßen ist und um Hilfe gebeten hat. Lediglich die New York Times behauptet, die *Titanic* sei gesunken – diese Schlagzeile wird jedoch von anderen Zeitungen als verantwortungslos bezeichnet.

Der Glaube an die Unsinkbarkeit der *Titanic* wird an Land noch den ganzen Tag über anhalten, ehe am Abend des 15. April 1912 von New York aus die Wahrheit um die Welt gehen und die Menschen in Europa am 16. April 1912 morgens erreichen wird. Da werden die Überlebenden an Bord der *Carpathia* schon auf dem Weg nach New York und mit ihrer ganz persönlichen Trauerarbeit beschäftigt sein.

Epilog

Weder für die Überlebenden noch für Angehörige oder Passagiere und Besatzung der *Carpathia* gab es psychologische Betreuung. Jeder musste selbst mit dem Erlebten klar kommen. Einigen half es, darüber zu sprechen, andere zogen es vor zu schweigen. Bereits auf der *Carpathia* bildete sich ein Passagierkomitee, das den Mitüberlebenden helfen wollte. Kleidung – die Überlebenden hatten nur noch das, was sie am Leibe trugen – wurde über den Schiffsarzt der *Carpathia* verteilt. Und als das nicht reichte oder wenn keine passende Kleidung verfügbar war, wurde aus Decken und anderen Stoffen kurzerhand passende Kleidung genäht. Doch es gab mehr zu tun, als nur Kleidung zu verteilen: Zuhören zum Beispiel. Und die Komitee-Mitglieder waren bereit zuzuhören und sich um andere Nöte als die Kleidung zu kümmern. So war eine große Sorge unter den Überlebenden aus der 1. und 2. Klasse, dass sie mangels Barmitteln bei der Einreise wie Einwanderer behandelt werden würden. Diese Sorge konnte zerstreut werden. Und es gelang dem Komitee auch, dem Vorstandsvorsitzenden der White Star Line, Joseph Bruce Ismay, der ebenfalls unter den Überlebenden war, das Versprechen abzuringen, dass alle, die einen Weitertransport benötigten, diesen erhalten würden[182].

Die *Carpathia* erreichte am 18. April 1912 New York und die Überlebenden gingen an Land. Bereits am nächsten Tag hielt der Untersuchungsausschuss des US-Senats zum Untergang der *Titanic* die erste Sitzung in New York ab. Später zog der Untersuchungsausschuss nach Washington um. Auch in Großbritannien ermittelte ein Untersuchungsausschuss zur Ursache des Untergangs der *Titanic*. Passagiere waren als Zeugen weniger gefragt. Dafür berichteten Passagiere Zeitungsreportern, die ihre Geschichten aufnahmen und so für die Nachwelt erhielten. Einwanderer, die der englischen Sprache noch nicht mächtig waren, fanden oftmals Übersetzer, die ihre Erlebnisse aus der Muttersprache für die Reporter ins Englische übersetzten. Doch nicht alle Berichte hielten im Nachhinein einer Überprüfung stand – so waren die Geschichten durchaus voller

---

[182] Cimino (2018)

Übertreibungen oder Fantasieerlebnissen. Hier die Spreu vom Weizen zu trennen beschäftigt die internationale *Titanic*-Gemeinschaft bis heute.

Der Untergang der *Titanic* war Stoff für einige Verfilmungen, und besonders die Premiere von „A Night to Remember" (deutsch: „Die letzte Nacht der *Titanic*") 1958 nach dem gleichnamigen Buch von Walter Lord war ein Ereignis, dem viele Überlebende beiwohnten. Walter Lord hatte für sein Buch mit zahlreichen Überlebenden und auch Angehörigen gesprochen und deren Erinnerungen in seinem Buch verarbeitet. Dieses Buch war viele Jahre lang das Standardwerk zur *Titanic*, doch seit dem *Titanic*-Fieber von 1998 ist das Buch ins Hintertreffen geraten. Lesenswert ist es immer noch, da der Autor mit den Interviews der Zeitzeugen eine Möglichkeit hatte und nutzte, die späteren Autorinnen und Autoren nicht mehr im gleichen Maß oder gar nicht mehr zur Verfügung stand.

Mit Entdeckung des Wracks am 1. September 1985 gab es erste Bilder von der *Titanic* seit 1912. Die folgenden Bergungsaktionen am Wrack wurden von den noch lebenden Überlebenden teils zwiespältig betrachtet. Für Eva Hart, die den Untergang der *Titanic* als 7jährige überlebte, war das Wrack der *Titanic* das Grab ihres Vaters, das ihrer Meinung nach in Ruhe gelassen werden sollte. Hingegen bat Beatrice Sandström, die als nicht mal 2jährige das Unglück ohne Verlust eines Angehörigen überlebte, darum, dass man ihr ihren Koffer mitbringen solle, der damals mit der *Titanic* untergegangen ist[183].

Am 31. Mai 2009 verstarb mit Millvina Dean die letzte und jüngste Überlebende des *Titanic*-Unglücks. Sie war zum Zeitpunkt des Untergangs gerade mal sechs Wochen alt. Ihre Mutter und ihr Bruder überlebten ebenfalls, ihr Vater starb beim Untergang. Im bereits relativ hohen Alter reiste Millvina Dean in Sachen *Titanic* durch die westliche Welt und war Ehrengast bei *Titanic*-Veranstaltungen, so z. B. auch bei der Eröffnung der *Titanic*-Ausstellung in der Hamburger Speicherstadt am 8. Mai 1997.

Der Untergang der *Titanic* ist auch heute ein Thema, das Medien und Menschen elektrisiert. Die Geschichte des Schiffes und der Menschen darauf ist vielseitig und vielschichtig; die *Titanic* ist ein Mikrokosmos einer vergangenen Zeit. Einer Zeit, in der Schiffe das einzige Transportmittel über Ozeane waren und Kommunikationstechniken wie Funk und Telefon noch in den Kinderschuhen

---

[183] Mündlich von Claes-Göran Wetterholm, Schweden

steckten. Von Internet, Social Media und Smartphones träumte man noch nicht mal.

Auch die Passagierschifffahrt hat sich seit der *Titanic* massiv verändert. Waren früher die Kreuzfahrten einfach nur eine Beschäftigungsmöglichkeit für Schiffe und Besatzungen während der reiseschwachen Wintermonate, ist nun die Linienschifffahrt die große Ausnahme. Selbst die Passagierfähren, die z. B. Großbritannien mit dem Kontinent verbinden, sind seit dem Wegfall des Duty-Free-Handels innerhalb der EU sowie mit wachsenden Marktanteilen der Billigflieger massiv unter Druck geraten. Viele Linien wurden eingestellt, so z. B. die Verbindung zwischen Hamburg und Harwich.

Auf heutigen Kreuzfahrtschiffen ist die Teilnahme an der Sicherheitsübung zu Beginn der Fahrt obligatorisch. Und im Gegensatz zur *Titanic* gibt es auf modernen Kreuzfahrtschiffen einen Alarm über das Bordlautsprechersystem, der – sofern kein Defekt vorliegt – im ganzen Schiff hörbar ist. Das Alarmsignal besteht aus sieben kurzen und einem langen Ton und ist das Signal für alle, auf direktem Weg die Musterstationen bzw. Sammelplätze aufzusuchen, wo Schwimmwesten ausgegeben werden.

Einziger Transatlantikliner der Gegenwart (2019) ist die *Queen Mary 2* der Cunard Line, die weiterhin regelmäßig zwischen Southampton und New York pendelt und damit eine Alternative für all die Menschen darstellt, die nicht fliegen mögen (Flugangst) oder dürfen (z. B. wegen eines beschädigten Trommelfells). Mehrheitlich jedoch sind die modernen Transatlantikreisenden Vergnügungsreisende, die auf der *Queen Mary 2* die klassische Linienschiffsroute nach oder von New York im Rahmen einer Kreuzfahrt erfahren wollen. Während der Überfahrt wird in der Mittagsdurchsage des Kapitäns informiert, wann der Längengrad passiert wird, auf dem das Wrack der *Titanic* liegt und wie weit entfernt die *Queen Mary 2* dann vom Wrack sein wird.

Die Erinnerung an die *Titanic* wird u. a. durch *Titanic*-Vereine wach gehalten, von denen der erste bereits 1963 gegründet wurde. *Titanic*-Vereine gibt es – ohne Anspruch auf Vollständigkeit – in den USA (zwei), in England, in Nordirland, in Irland, in Schweden, in der Schweiz, in Frankreich, in den Niederlanden, in Kroatien, in Kanada und auch in Deutschland[184]. Die Vereine werden von

---

[184] Siehe S. 184

Freiwilligen oder ehrenamtlich Tätigen getragen. Dementsprechend kann es sein, dass Vereine sich auflösen oder ihre Tätigkeit einfach einstellen. Dieses Schicksal haben z. B. die *Titanic*-Vereine in Südafrika, in Neuseeland und in Österreich sowie zwei schottische *Titanic*-Vereine erlebt. Auch diese Aufzählung erhebt keinen Anspruch auf Vollständigkeit.

Für 2019 wurden erstmals wieder seit mehreren Jahren kommerzielle Tauchfahrten zum Wrack angeboten. Doch kurz vor Beginn der Fahrten wurden sie auf das Jahr 2020 verschoben. Es waren im Juni 2019 noch Tauchfahrten für 2020 buchbar; der Preis, der für eine Tauchfahrt aufgerufen wurde, lag bei US$ 125.000[185].

Dennoch gab es 2019 neue Bilder vom Wrack – die ersten seit 2010. Aufgenommen wurden sie beim ersten bemannten Tauchgang zum Wrack seit 14 Jahren; die Bilder von 2010 stammen von einer unbemannten Expedition. Weltweit berichteten überregionale Medien über die neuen Bilder, die einen fortschreitenden Zerfall des Wracks zeigen, so z. B. auch die renommierte Tagesschau. Auffällig an der Berichterstattung war, dass die *Titanic* in diesen modernen Berichten selbst in seriösen Medien als „Kreuzfahrtschiff" bezeichnet wurde. Dabei war sie genau das nicht. Sie war, wie bereits anfangs erwähnt, ein Postdampfer oder eben auch ein Ozeanliner. Sie fuhr nach einem festen Fahrplan auf einer festen Route, und die Passagiere waren keine Vergnügungsreisenden, sondern für sie war die Fahrt mit der *Titanic* eine Möglichkeit, den Atlantik zu überqueren. Es gab 1912 keine Alternativen zu einer Schifffahrt zwischen Europa und Amerika, denn Flugzeuge waren damals noch nicht in der Lage, den Atlantik zu überqueren.

Ein australischer Milliardär verspricht der Welt seit 2012, die *Titanic* nachzubauen und in Fahrt zu bringen; nach allem, was man über die *Titanic II* weiß, wäre die Bezeichnung „Kreuzfahrtschiff" für diesen Nachbau korrekt. Der erste kommunizierte Termin für die Jungfernfahrt der *Titanic II* war 2016, im April 2019 wurde 2022 genannt. Ein Bauvertrag mit einer Werft wurde jedoch bis September 2019 noch nicht unterzeichnet, und so darf man gespannt, ob es diese *Titanic II* jemals geben wird.

---

[185] https://titanicsurveyexpedition.com/join.html, besucht am 24.06.2019

In China hingegen wird die *Titanic* in einem Freizeitpark nachgebaut. Im Gegensatz zum Nachbau des australischen Milliardärs wird die *Titanic* im chinesischen Freizeitpark nicht fahrbereit sein, sondern in einem aufgestauten Fluss liegen. Inwieweit sie der realen *Titanic* entspricht, lässt sich mit den im April 2019 vorhandenen Informationen noch nicht abschließend beurteilen. Die Fertigstellung ist Stand August 2019 für 2020 geplant.

An dieser Stelle sei daran erinnert, dass beim Untergang der *Titanic* 1.496 Menschen ihr Leben verloren, darunter 809 Passagiere, die aus unterschiedlichsten Gründen einfach nur den Atlantik überqueren wollten. Was Goethe 1787 über Pompeji schrieb, passt damit heute – vielleicht mehr noch als 1986, als Wolf Schneider in seinem Buch „Mythos Titanic" diese Übertragung erstmals vornahm – auf den Untergang der *Titanic*: „Es ist viel Unheil in der Welt geschehen, aber wenig, das den Nachkommen so viel Freude gemacht hätte."[186]

Ergänzende Materialien zu diesem Buch gibt es im Internet unter

www.titanicfiles.de

Außerdem auf der Seite:
- *Zahlen und Daten zur Titanic*
- *Essays zu ausgewählten Titanic-Themen*
- *Chronologie ab 1712*

---

[186] Johann Wolfgang von Goethe über den Untergang der Stadt Pompeji, zitiert in Wolf Schneider (1986), *Mythos Titanic. Das Protokoll einer Katastrophe - drei Stunden, die die Welt erschütterten*, Hamburg: Gruner + Jahr, S. 8

Anhang 1:
Der letzte Tag
Sonntag, 14. April 1912, auf der *Titanic*

Die Kollision der *Titanic* mit einem Eisberg ist der Ausgangspunkt vieler Berichte über die *Titanic*. Doch was geschah in den Stunden davor? Wie verbrachten Passagiere und Besatzung den Tag? – Mit Hilfe von zeitgenössischen Dokumenten aber auch durch Zugriff auf spätere Forschungsergebnisse wird der 14. April 1912 auf der *Titanic* erzählt.

Der 14. April 1912 war auf der *Titanic* bis zur Kollision mit dem Eisberg ein ganz normaler Seetag. Das Schiff war fernab von Land auf dem Nordatlantik unterwegs und kam Minute für Minute dem amerikanischen Kontinent näher. Egal von wo an Bord man über die Reling schaute, man sah bis zum Horizont nichts als Meer.

Das Wetter am 14. April 1912

Die Wetterbedingungen während der Überfahrt der *Titanic* hat Rolf-Werner Baak in einem Vortrag während des Jahrestreffens des Deutschen Titanic-Vereins 2014 in Berlin vorgestellt[187] und in der Vereinszeitschrift „Der Navigator" als dreiteilige Serie veröffentlicht[188].

Bis Sonnabend kann man davon ausgehen, dass sie [die Titanic] *in ruhigem Wetter immer auf der „warmen" Seite der Frontensysteme unterwegs war. Das bedeutet mäßige südwestliche Winde und Lufttemperaturen von 12-15° C. Durch die Fahrtgeschwindigkeit des Schiffes gegen den Wind, immerhin 21 Knoten (Bft 5)[189]*

---

[187] „Meteorologisches Reisetagebuch an Bord der *Titanic*" von Rolf-Werner Baak; Vortrag vom 31. Mai 2014
[188] Rolf-Werner Baak, „Die Titanic und das Wetter", Deutscher Titanic-Verein von 1997 e. V., *Der Navigator* Nr. 67, S. 29ff, September 2014, *Der Navigator* Nr. 68, S. 18 ff, Dezember 2014 und *Der Navigator* Nr. 69, März 2015, S. 26 ff.
[189] Bft 5 = 5 Beaufort, umgangssprachlich Windstärke 5

addierten sich beide Komponenten [Anm. der Autorin: Windstärke und Fahrtgeschwindigkeit] zu einem kräftigen Luftstrom[190]. Dann kam der Abend und die Nacht zum Sonntag, den 14. April 1912. Nach einer schwachen Warmfront, die etwas Regen verursacht haben könnte, wurde die oben gezeigte Kaltfront[191] aktiv. An ihr traten Schauer auf, die möglicherweise auch mit Graupel vermischt waren (weißliche Körner, die ggf. als „Schnee" interpretiert werden konnten). Die Lufttemperatur sank und wurde von den Passagieren als unangenehm empfunden. Das war kein Wunder, denn nun strömte kanadische Kaltluft in das Seegebiet, das die Titanic durchfuhr, insbesondere nach Passieren des Wendepunktes 42N 47W[192]. Auf dem Weg nach Westen dampfte die Titanic in das sich verstärkende Hochdruckgebiet; der Wind aus Nord nahm immer weiter ab ...[193]

Jakob Johansson, ein Passagier der 3. Klasse, bestätigt den Niederschlag am 14. April 1912 in seinem Tagebucheintrag: *„14. April, Sonntag, es regnet und alle müssen unter Deck bleiben."[194]*

Nach dem Regen am Morgen folgte der bereits oben zitierte Wetterwechsel, der frischen Wind der Stärke 5 aus Nordwest und eine mäßig bewegte See[195] mit Wellenhöhen von 1,80m – 2,40m brachte. Die Mittagstemperatur lag vermutlich bei 10° C. Der Wind hielt auch nachmittags an, doch es klarte auf. Aber da der Wind Kaltluft aus der Arktis mitbrachte, wurde die Luft als „eisig" empfunden. Am Abend schlief der Wind gänzlich ein. Der Himmel blieb sternenklar, doch die Temperatur fiel von 6° C um 19 Uhr Schiffszeit auf 0,5° C um 21 Uhr Schiffszeit und auf -0,5° C um 22 Uhr Schiffszeit.[196]

---

[190] Wer bereits Transatlantik von Europa nach Nordamerika gefahren ist, erinnert sich vielleicht daran, dass häufig ein starker Luftstrom über ungeschützte Stellen des Decks zog. Ebenso ist bei einer Transatlantikreise von Nordamerika nach Europa vielleicht aufgefallen, dass es häufig schwachwindig bis windstill an Deck war, denn auf der Reise von West nach Ost heben sich Fahrtwind (von vorn) und Wind (überwiegend von achtern) quasi gegenseitig mehr oder weniger auf.

[191] bezieht sich auf eine Abbildung im Originalartikel im Navigator Nr. 68, S. 21

[192] Gegen 17:50 Uhr Schiffszeit *Titanic* befand sich die Titanic am Wendepunkt, auch „Ecke" genannt. – Siehe hierzu auch Philipp (2017).

[193] Baak (2014), S. 21

[194] Behe (2011/1), S. 124

[195] „mäßig bewegte See" entspricht dem Seestatus „moderate" in der englischen Sprache

[196] Halpern (2011), S. 80

Lufttemperatur und gefühlte Temperatur auf der Titanic am 14. April 1912		
Uhrzeit	Temperatur	Gefühlte Temperatur
12 Uhr	10° C	6° C
19 Uhr	6° C	0,6° C
21 Uhr	0,5° C	-6,9° C
22 Uhr	-0,5° C	-8,2° C

Tabelle 1: Lufttemperatur und gefühlte Temperatur auf der Titanic *am 14. April 1912*

Der Kurs und die Geschwindigkeit der *Titanic*

Die *Titanic* fuhr den üblichen Kurs nach New York; die Position 42° Nord, 47° West war die Stelle, an der der Kurs in einer westlichere Richtung geändert wurde, wodurch man direkter auf New York zulief. Diese Stelle, auch „Ecke" genannt, erreichte die *Titanic* gegen 17:50 Uhr[197]. Die Kursänderung wurde wie geplant durchgeführt. Die Behauptung, dass die *Titanic* ihren Kurs 50 Minuten später als erwartet geändert und dadurch einige Meilen weiter südlich gefahren ist, wurde erst vor dem britischen Untersuchungsausschuss von den Offizieren Pitman und Boxhall aufgestellt. Markus Philipp vermutet, dass die unterstellte verspätete Kursänderung auf die fehlerhafte Notrufposition zurückzuführen ist[198]. 1912 ging man noch davon aus, dass die Notrufposition korrekt war – warum sollte ein Schiff in Seenot eine falsche Position übermitteln? Und vor allen Dingen hatte die *Carpathia* mit Kurs auf die Notrufposition die Rettungsboote der *Titanic* gefunden. Erst die Entdeckung des Wracks 1985 zeigte, dass die Notrufposition der *Titanic* doch falsch war.

Am Sonntag wurden weitere Kessel in Betrieb genommen, deren zusätzliche Leistung abends abgerufen wurde. Diese zusätzliche Leistung wurde auch von

---

[197] Philipp (2017), S. 16 ff.
[198] E-Mail von Markus Philipp vom 7. April 2018

einigen Passagieren durch verstärkte Vibrationen bemerkt, so z. B. von Lawrence Beesley.

Rechnerisch konnte Markus Philipp ermitteln: Von 12 Uhr mittags bis 20 Uhr fuhr die *Titanic* eine Durchschnittsgeschwindigkeit von 21,85 Knoten, danach fuhr sie bis zur Kollision mit 22,5 Knoten[199] und damit so schnell wie nie zuvor.

Die Herleitung auf Basis von Berechnungen von Markus Philipp:

Vom Mittag bis zur Kollision wurden 260sm laut Log zurückgelegt. Ebenfalls laut Log wurde spätestens ab 20 Uhr mit 22,5 Knoten gefahren. – Diese 22,5 Knoten lassen sich auch aus den Positionsberechnungen für die Notrufposition ermitteln:

Die erste Notrufposition, 41° 44' Nord, 50° 24' West war eine Weiterrechnung der Position von 19:30 Uhr unter Berücksichtigung einer Zeitumstellung von 47 Minuten, wobei diese Zeitumstellung nicht stattgefunden hatte. – Wenn man auf Basis des von Markus Philipp in seiner Serie „Kleines Einmaleins der Navigation" vermittelten Handwerkzeugs[200] nachrechnet und dabei von einer Durchschnittsgeschwindigkeit von 21,85 Knoten ausgeht, kommt man auf 50° 25' West.

Doch die *Titanic* korrigierte ihre Notrufposition schon kurz danach. Es gab neue Erkenntnisse: Es hatte noch keine Zeitumstellung gegeben, wodurch sich die zur Verfügung stehende Zeit seit 19:30 Uhr verringerte, und das Geschwindigkeitslog sagte 22,5 Knoten seit 20 Uhr. Außerdem lag die gekoppelte Position von 20 Uhr vor. Die seit 20 Uhr gefahrene Strecke musste Boxhall auf Bogenminuten auf 42° Breite umrechnen. Dafür gab es Tabellen, die Boxhall nutzen konnte. Dabei ist Boxhall in der Spalte verrutscht – richtig wäre gewesen, mit 2° 9' zu rechnen, doch Boxhall hat mit dem Wert 2° 24' aus der falschen Spalte gerechnet[201]. Durch das Verwenden des Wertes aus der falschen Spalte kam Boxhall auf 50° 14' West bei einer Geschwindigkeit von 22,5 Knoten. Hätte er mit dem Wert aus der richtigen Spalte gerechnet, wäre er auf 49° 59' West gekommen – bei einer Geschwindigkeit von 22,5 Knoten.

Hätte Boxhall mit 22 Knoten gerechnet und weiterhin mit den Werten aus der

---

[199] E-Mail von Markus Philipp vom 11. April 2018
[200] Deutscher Titanic-Verein von 1997 e. V., Der Navigator Nr. 72 ff.
[201] Markus Philipp (2003), "Ungereimtheiten der Titanic-Geschichte: Boxhalls Rechenfehler", Deutscher Titanic-Verein von 1997 e. V., *Der Navigator* Nr. 4, 6. Jahrgang, Februar 2003, S. 42 ff

falschen Spalte, dann wäre er auf 50° 11' West gekommen. – Das Wrack der *Titanic* liegt übrigens auf 49° 57' West …

Die Schlussfolgerung:

Nachdem rechnerisch bestätigt werden konnte, dass die *Titanic* spätestens seit 20 Uhr mit 22,5 Knoten fuhr, ist auch klar, dass sie in den Stunden von 12 Uhr mittags bis 20 Uhr entsprechend langsamer unterwegs war, ansonsten hätte sie mehr als die geloggten 260sm zurückgelegt. – Das bedeutet gleichzeitig allerdings auch, dass trotz der bekannten Eiswarnungen die Geschwindigkeit erhöht und die erhöhte Geschwindigkeit auch während der Durchquerung des Eisfeldes beibehalten wurde. Und allein schon die Eiswarnung der *Caronia*, die unbestritten der Schiffsführung der *Titanic* bekannt war, zeigte eindeutig an, dass ein ausgedehntes Eisfeld auf dem Weg der *Titanic* lag.[202]

Die Besatzung am 14. April 1912

Für die Besatzung bedeutete ein Seetag, dass normale Seewachen gegangen wurden und die Wachwechsel sich ganz regulär vollzogen. Dabei gab es Unterschiede zwischen den drei großen Abteilungen an Bord und auch innerhalb der einzelnen Abteilungen.

Die kleinste Abteilung war die Decksabteilung (englisch: Deck Department). Hier musterten alle klassischen Seemänner an, vom Kapitän über die nautischen Offiziere bis zu den Matrosen, die teilweise Spezialaufgaben wie „Ausguck" oder „Rudergänger" hatten. Ihren Dienst versahen sie in Schichten, auf Schiffen Wachen genannt. Dadurch war ein Betrieb rund um die Uhr möglich. Die Wachrhythmen variierten entsprechend der Aufgaben. So gab es einige Männer in der Decksabteilung, die gar keine Wachen gehen mussten, sondern immer bereit sein mussten, wenn sie gebraucht wurden; dazu gehörte z. B. der Zimmermann. Selbstverständlich hatten sie auch ganz normale Tagesaufgaben im Bereich der Wartung und Instandhaltung des Schiffes. Diese Seemänner wurden „Freiwächter" genannt.

---

[202] Eine detaillierte Auseinandersetzung mit den Eiswarnungen an die *Titanic* vom 14. April 1912 findet sich in dem Buch „Dampfer Titanic: Eisberg voraus", siehe S. 183.

Die dienstälteren Offiziere (Chief, 1. und 2. Offizier) arbeiteten im Drei-Wachen-System, d. h. vier Stunden Wache, acht Stunden wachfrei, also Freiwache. Die Wachzeiten waren von der Reederei festgelegt:

Rang	Erste Wache	Zweite Wache
Chief Officer	2 – 6 Uhr	14 – 18 Uhr
1. Offizier	10 – 14 Uhr	22 – 2 Uhr
2. Offizier	6 – 10 Uhr	18 – 22 Uhr

Der 1. Offizier wurde vom 2. Offizier für Lunch abgelöst, der 2. Offizier wurde vom 1. Offizier für Dinner abgelöst (jeweils 30 Minuten).

Auffällig ist, dass der Wachwechsel der dienstälteren Offiziere bei vier Glasen vollzogen wurde, während üblicherweise bei acht Glasen Wachwechsel war[203]. Warum die White Star Line hier von der Tradition abgewichen ist, ist bisher (2019) noch nicht erklärt worden.

Die dienstjüngeren Offiziere (3., 4., 5. und 6. Offizier) sowie die Matrosen ohne Spezialaufgaben arbeiteten im Zwei-Wachen-System, d. h. sie gingen Wache um Wache, vier Stunden Dienst, vier Stunden frei, mit zwei sogenannten Hundewachen von jeweils zwei Stunden zwischen 16 und 20 Uhr. Durch die Hundewachen wechselten die Wachzeiten Tag für Tag und jeder hatte regelmäßig die unbeliebten Wachen. Bei den zwei Wachen sprach man traditionell von der Steuerbord- und der Backbordwache[204]. Wachwechsel war, außer zwischen den Hundewachen um 18 Uhr, bei acht Glasen, also um 4, 8, 12, 16, 20 und 24 Uhr. Von den dienstjüngeren Offizieren der *Titanic* waren 3. und 5. Offizier (Backbordwache) sowie 4. und 6. Offizier (Steuerbordwache) in einer Wache.

---

[203] Auf Schiffen wurde der Tag in halbe Stunden eingeteilt. Alle 30 Minuten wurde eine Glocke angeschlagen. Mit jeder verstrichenen halben Stunde wurde ein Glockenschlag hinzugefügt. Alle vier Stunden, also bei acht Glasen, wurde neu zu zählen begonnen. Mitternacht war immer acht Glasen.

[204] Die Steuerbordwache war während ihrer Wache üblicherweise für die Steuerbordseite zuständig und die Backbordwache entsprechend für die Backbordseite. Die Steuerbordwache wurde üblicherweise dem Kapitän zugeordnet, die Backbordwache seinem Stellvertreter. Inwieweit diese traditionelle Regelung auf der *Titanic* Gültigkeit hatte, ist nicht überliefert.

Auch die Rudergänger gingen Wache um Wache. Dabei war die Aufteilung:

Steuerbordwache: Hichens, Olliver, Rowe
Backbordwache: Bright, Perkis, Wynn

Einer der Rudergänger hatte in seiner Wache die Station beim Reserveruder auf dem Achterdeck, die anderen beiden Rudergänger wechselten sich nach zwei Stunden am Steuer auf der Brücke ab. Es ist davon auszugehen, dass die Stationen der Rudergänger (zwei auf der Brücke und einer auf dem Achterdeck) bei jeder Wache neu besetzt wurden, so dass jeder Rudergänger in einem regelmäßigen Abstand die Station auf dem Achterdeck hatte.

14. April 1912	Steuerbordwache	Backbordwache
0 – 4 Uhr	Wache	Freiwache
4 – 8 Uhr	Freiwache	Wache
8 – 12 Uhr	Wache	Freiwache
12 – 16 Uhr	Freiwache	Wache
16 – 18 Uhr (1. Hundewache)	Wache	Freiwache
18 – 20 Uhr (2. Hundewache)	Freiwache	Wache
20 – 24 Uhr	Wache	Freiwache

Tabelle 2: Wachschema Decksabteilung im Wache-um-Wache-System.

Die Ausguckleute wiederum gingen zwei Stunden Wache und hatten dann vier Stunden Freiwache.

Außerdem gab es sieben Matrosen, die nur zwischen 6 und 17 Uhr im Einsatz waren: Sie waren eingeteilt zum Trockenhalten der Außendecks, zum Putzen des Messings und zum Verzurren der Deckstühle.

Weitere Spezialisten, die in der Decksabteilung geführt wurden, waren die Schiffsärzte, der Lampenwärter, der Lagerverwalter, die Fensterputzer, die Crewköche und die Schiffspolizisten.

Uhrzeit	Diensthabender Ausguck
0 – 2 Uhr	Hogg/Evans
2 – 4 Uhr	Symons/Jewell
4 – 6 Uhr	Fleet/Lee
6 – 8 Uhr	Hogg/Evans
8 – 10 Uhr	Symons/Jewell
10 – 12 Uhr	Fleet/Lee
12 – 14 Uhr	Hogg/Evans
14 – 16 Uhr	Symons/Jewell
16 – 18 Uhr	Fleet/Lee
18 – 20 Uhr	Hogg/Evans
20 – 22 Uhr	Symons/Jewell
22 – 24 Uhr	Fleet/Lee

Tabelle 3: Wachschema des Ausgucks am 14. April 1912

Die Maschinenabteilung (englisch: Engine Department) stellte aus seefahrerischer Sicht die jüngste Abteilung dar. Die Heizer und Kohlenzieher (häufig auch als „Trimmer" bezeichnet) arbeiteten im modernen Drei-Wachsen-System. Bei den Ingenieuren waren es die 2., 3. und 4. Ingenieure, die im Drei-Wachsen-System arbeiteten. Die 5. und 6. Ingenieure hingegen arbeiteten im Zwei-Wachen-System, das allerdings von dem in der Decksabteilung abwich, da die Ingenieure statt Zwei-Stunden-Wachen am Nachmittag Sechs-Stunden-Wachen in der Nacht gingen. Durch die beiden sechsstündigen Wachen zwischen 20 Uhr abends und 8 Uhr morgens wurde – wie beim Zwei-Wachen-System der Seeleute – ein täglicher Wechsel der Wachzeiten erreicht, der dafür sorgte, dass jeder alle zwei Tage die unbeliebten Wachzeiten hatte.

Die Schmierer waren ebenfalls im Drei-Wachen-System aktiv, wobei ein Teil der Männer für Spezialaufgaben zur Verfügung standen und damit nicht in das Wachsystem eingebunden war.

Zudem gab es auch im Maschinenraum Freiwächter, d. h. Spezialisten, die in kein Wachsystem eingebunden waren, sondern dann arbeiteten, wenn Bedarf war.

Uhrzeit	Diensthabende Ingenieure
0 - 4 Uhr	3. oder 4. Ingenieure
4 – 8 Uhr	3. oder 4. Ingenieure
8 – 12 Uhr	2. Ingenieure
12 – 16 Uhr	3. oder 4. Ingenieure
16 – 20 Uhr	3. oder 4. Ingenieure
20 – 24 Uhr	2. Ingenieure

Tabelle 4: Drei-Wachen-System im Maschinenraum

14. April 1912	
2 – 8 Uhr	Fünfter Junior Ingenieur, Sechster Junior Ingenieur
8 – 12 Uhr	Fünfter Senior Ingenieur, Sechster Senior Ingenieur
12 – 16 Uhr	Fünfter Junior Ingenieur, Sechster Junior Ingenieur
16 – 20 Uhr	Fünfter Senior Ingenieur, Sechster Senior Ingenieur
20 – 2 Uhr (Folgetag)	Fünfter Junior Ingenieur, Sechster Junior Ingenieur

Tabelle 5: Das Zwei-Wachen-System der 5. und 6. Ingenieure

Die dritte Abteilung war die Passagierabteilung oder Versorgungsabteilung (engl. Victualing Department), die vom Zahlmeister geleitet wurde. Hier waren die Arbeitszeiten an den Bedürfnissen der Passagiere und natürlich an den Mahlzeiten oder Öffnungszeiten ausgerichtet. Konkret bedeutete das für einzelne Berufsgruppen innerhalb der Passagierabteilung folgende Arbeitszeiten:

Barbiere: 7 – 19 Uhr (Hinweis: Es gab keinen Damenfriseur an Bord!)
Stewards Empfangsraum und Veranda-Café: 8 – 23 Uhr
Stewards in den Lounges: 8 – 23:30 Uhr
Stewards im Rauchsalon: 8 – 24 Uhr

Nachtstewards: 23 – 7:30 Uhr

Besonders eingeteilte Kabinenstewards, regelmäßiger Wechsel, durch die ein Rund-um-die-Uhr-Kabinenservice sichergestellt wurde:
bis 21 Uhr, 0 – 4 Uhr, ab 7:30 Uhr.

Die Stewards in den Speisesälen, im Türkischen Bad, beim Swimmingpool und in den Bibliotheken, der Fitnesstrainer im Fitnessraum (englisch: Gymnasium) und der Squashlehrer im Squashraum hatten an die Öffnungszeiten ihrer Bereiche angepasste Arbeitszeiten.

Nicht in der Besatzungsliste geführt wurden die acht Musiker an Bord. Sie erscheinen in der Passagierliste für die 2. Klasse, waren aber alles andere als Passagiere, da sie an Bord arbeiten mussten und auch die Rückfahrt wieder mitmachen sollten. Hintergrund für diese Sonderlösung war ein Tarifstreit. Die Musiker waren von der Künstleragentur C. W. & F. W. Black aus Liverpool vermittelt worden. So umging die White Star Line die Tariflöhne der Musikergewerkschaft. Auf die Bitte der Gewerkschaft um einen Zuschuss reagierte die Reederei mit einer Kürzung der Löhne für die Musiker von £ 6 auf £ 4 und der Listung als 2. Klasse Passagiere. Die acht Musiker teilten sich an Bord in ein Quintett und ein Trio auf, das zu unterschiedlichen Zeiten an unterschiedlichen Orten auf dem Schiff spielte.[205] – In der 2. Klasse war eine Sammlung für die Musiker für Montag, den 15. April 1912 geplant. Vermutlich sollte auch in der 1. Klasse für die Musiker vor Ende der Fahrt gesammelt werden. Für die Musiker bedeutete das einen Zusatzverdienst, der jedoch auch davon abhing, wie viele Passagiere an Bord waren. Bei einem voll ausgebuchten Schiff, welches die *Titanic* auf ihrer Jungfernfahrt nicht war, war die Chance auf viel Geld in der Sammlung naturgemäß höher als bei einem mäßig oder schwach ausgebuchten Schiff.

Weder als Passagiere noch als Besatzungsmitglieder wurden die Postbeschäftigten geführt, dennoch waren sie an Bord und arbeiteten dort auch. Sie sortierten während der Überfahrt die Post und nahmen auch während der Überfahrt aufgegebene Briefe und Postkarten entgegen und bearbeiteten sie für den

---

[205] Bäbler (2013), S. 147 f.

Weitertransport im nächsten Hafen. Ob sie diese Aufgabe auch am Sonntag ausführten oder einen arbeitsfreien Tag an Bord hatten, ist nicht belegt.

Auf der Besatzungsliste geführt wurden die Funker, die jedoch von der Marconi-Gesellschaft angestellt und auf die *Titanic* abgestellt wurden. Die Reederei überließ der Marconi-Gesellschaft einen Platz zur Nutzung an Bord und konnte dafür Navigationstelegramme kostenlos senden und empfangen. Ein zusätzlicher Nutzen für die Reederei ergab sich dadurch, dass sie ihren Passagieren einen modernen Service bieten konnten, der nachgefragt wurde. Nachrichten von hoher See zu schicken, schien die Passagiere zu begeistern. So wurden Grüße von Bord oder an Bord übermittelt, aber auch Hotelreservierungen vorgenommen und Abholarrangements organisiert. Man blieb von hoher See aus mit dem Land in Verbindung, und das mag für viele sehr tröstlich gewesen sein, wenn nichts als Wasser um einen herum war.

Die Funkstation an Bord war dennoch eine Außenstelle der Marconi-Gesellschaft, und mit dem Versenden von kommerziellen Telegrammen verdiente die Marconi-Gesellschaft Geld. Die *Titanic* war eines der wenigen Schiffe unter britischer Flagge, das eine Funkstation an Bord hatte, die rund um die Uhr besetzt war. Die beiden Funker, John George „Jack" Phillips und Harold Bride, wechselten sich ab. Sie stimmten sich untereinander ab, wer wann Dienst machte.

Der 14. April 1912 auf der *Titanic*

Für die Passagiere beginnt der Tag mit dem Wecken – entweder als „Dressing Gong" bezeichnet oder auch als Ruf zum Frühstück. Wer schon früher wach ist, kann natürlich aufstehen und sich anziehen, doch der Weg an Deck war zumindest für die Passagiere der 3. Klasse am 14. April 1912 wegen Schlechtwetter versperrt.

Auf der *Titanic* gibt es Gemeinschaftsbäder, nach Herren und Damen getrennt. Nur wenige Suiten an Bord verfügen über eigene Badezimmer. Dennoch sind die Passagiere begeistert von der *Titanic*. In der 1. Klasse kommentiert Ida Straus in einem Brief vom 10. April 1912: *„Aber welch ein Schiff! So groß und so großartig ausgestattet. Unsere Räume sind mit bestem Geschmack und äußerst luxuriös möbliert, und es sind alles wirklich Räume, keine Kabinen."*[206]

---

[206] Behe (2011/1), S. 86

Francis Millet, ebenfalls Passagier in der 1. Klasse, beschreibt das Schiff und seine Kabine in einem Brief vom 11. April 1912 an seinen Freund Alfred Parsons: *„Sie [die* Titanic*] hat alles außer Taxis und Theater. Table d'hote, a-la-carte-Restaurant, Fitnessraum, türkisches Bad, Squashraum, Palmengärten, Rauchzimmer für „Ladies und Gentlemen", ich vermute, man beabsichtigt, die Frauen vom Rauchzimmer der Männer fernzuhalten, das sie auf den deutschen und französischen Dampfern heimsuchen. [...] Die Räume sind größer als ein gewöhnliches Hotelzimmer und deutlich luxuriöser mit hölzernen Bettgestellen, Frisiertischen, heißem und kalten Wasser, etc. etc., elektrischen Ventilatoren, elektrischen Heizungen und allem. [...] Ich habe den besten Raum, den ich jemals auf einem Schiff hatte, dabei ist es nicht mal einer der besten an Bord [...] Du kannst Dir die Weitläufigkeit des Schiffes und die Ausmaße und Größe der Decks nicht vorstellen."*[207]

Auch in der 3. Klasse sind die Passagiere zufrieden mit der Unterkunft an Bord. So schreibt z. B. Jakob Johansson: *„Wir haben eine exzellente Unterkunft, alles ist sauber und ordentlich, großes Promenadendeck [...]"*[208] Auch Marion Meanwell aus der 3. Klasse ist mit der Unterbringung zufrieden: *„Aus meiner Sicht hat es auf früheren Reisen nichts Vergleichbares hinsichtlich der Unterkunft gegeben."*[209]

Kate Buss, die als Alleinreisende in der 2. Klasse fährt, ist ebenfalls beeindruckt: *„Es gibt jede denkbare Annehmlichkeit auf diesem Schiff. Wenn man z. B. die Waschräume oder Schlafräume betritt, sind sie so lange dunkel, bis man die Tür schließt. Die Tür ist mit einem Schalter zum elektrischen Licht verbunden; man öffnet die Tür und das Licht geht aus."*[210]

Die 12jährige Ruth Becker ist mit ihrer Mutter und ihren Geschwistern bereits ab Indien nach England gefahren und dort dann auf die *Titanic* umgestiegen, mit der es in die USA geht. Die Beckers reisen in der 2. Klasse. Ruth Becker hat also schon Erfahrung mit Schiffsreisen und schreibt über die *Titanic*: *„Wir waren geblendet, als wir auf dieses große, wundervolle Schiff kamen. Unsere Kabine war wie ein Hotelzimmer, sie war so groß. Der Speisesaal war wunderschön mit dem Leinen*

---

[207] Behe (2011/1), S. 105
[208] Behe (2011/1), S. 102
[209] Behe (2011/1), S. 104
[210] Behe (2011/1), S. 115

und dem Silber. Es gab einen Aufzug, so dass wir weder aufwärts noch abwärts gehen mussten."[211]

Ab 8 Uhr wird das Frühstück in den jeweiligen Speisesälen serviert. Ebenfalls um 8 Uhr öffnet das a-la-carte-Restaurant, in dem auch gefrühstückt werden kann – und gegen einen Aufpreis kann man sich das Frühstück sogar in die Kabine liefern lassen.

Im Gegensatz zu modernen Kreuzfahrtschiffen, auf denen an Seetagen zum Beispiel Vorträge oder Kurse verschiedenster Art zur Unterhaltung der Passagiere angeboten werden, gibt es auf der *Titanic* kein von der Reederei organisiertes Unterhaltungsprogramm. Die Passagiere müssen sich selbst beschäftigen. So kommt es durchaus vor, dass die Passagiere Hundeschauen oder auch sportliche Spaßwettkämpfe wie Eierlaufen oder Tauziehen, ggf. in Zusammenarbeit mit dem Zahlmeister, selbst organisieren. Shuffleboard oder Ringe werfen sind ebenfalls ein beliebter Zeitvertreib an Deck. Doch für den 14. April 1912 auf der *Titanic* ist nichts in der Art überliefert. Allerdings laufen laut Kate Buss Vorbereitungen für ein Konzert in der 2. Klasse am Montag und Interessenten sollen sich in eine Liste eintragen. Kate Buss hat sich nicht registriert, im Gegensatz zu einer Mitpassagierin, mit der sie viel Zeit verbringt. Eine weitere Mitreisende würde sich gerne beteiligen, aber ihr Mann erlaubt es nicht, dass sie in der Öffentlichkeit singt. Als Sängerinnen für das Konzert zu Gunsten des Seemannsheims eintragen lassen haben sich auch die siebenjährige Eva Hart und ihre Mutter Esther. Doch das Konzert ist wie schon erwähnt für Montag vorgesehen.

Am Sonntag gibt es um 10:30 Uhr vormittags Gottesdienste an Bord. In der 1. Klasse hält ihn gemäß allgemeiner Überlieferung Kapitän Smith ab, in der 2. Klasse laut Kate Buss der Zahlmeister – vermutlich Zahlmeister Barker, der für die 2. Klasse zuständig ist. Einen Gottesdienst, der durch Schiffspersonal durchgeführt wird, gibt es in der 3. Klasse nicht. Allerdings soll Pater Byles, ein katholischer

---

[211] Behe (2011/1), S. 192

Geistlicher unter den Passagieren der 2. Klasse, einen katholischen Gottesdienst für die 3. Klasse angeboten haben[212].

Esther und Eva Hart besuchen den Gottesdienst in der 2. Klasse, und laut Esther singt Eva bei „ihrem" Choral „Oh God Our Help in Ages Past" laut mit. Ebenfalls am Sonntag wird für Eva ein hübscher Ball und eine Packung mit Toffees sowie ein Bild vom Schiff gekauft.

Da es Sonntag ist, entfällt die Inspektion des Schiffes durch den Kapitän, die an den anderen sechs Wochentagen durchgeführt wird. Für die Passagiere, die sich die Zeit vertreiben müssen, ist die Inspektion sicherlich etwas Abwechslung. Wenn Kapitän, Chefingenieur, Zahlmeister, Schiffsarzt und Chefsteward in ihren Uniformen das gesamte Schiff ablaufen, versucht man vielleicht ihren Gesichtern zu entnehmen, ob alles in Ordnung ist oder ob es irgendwelche Probleme gibt. Doch sonntags gibt es diese Abwechslung nicht.

Ein Bootsmanöver findet ebenfalls nicht statt. Das ist später kritisiert worden. Doch unbeantwortet ist weiterhin die Frage, wie so ein Bootsmanöver eigentlich ausgesehen hätte. Hätte man die *Titanic* für die Dauer des Manövers gestoppt, alle Boote ausgeschwungen, mit Insassen besetzt, zu Wasser gelassen und dann wieder an Bord geholt? Wie wären die Passagiere auf das Schiff zurückgekommen? Hätten sie Jakobsleitern hinaufklettern müssen? Ganz abgesehen davon hätte das Abstoppen, Boote beladen und fieren und die Insassen sowie die Boote wieder an Bord zu nehmen einen Zeitverlust bedeutet. Wäre dieser Zeitverlust von den Passagieren akzeptiert worden? Die Transatlantikpassage war keine Vergnügungsfahrt, sondern entsprach einer mehrtägigen Fährfahrt. Und was wäre bei schlechtem Wetter oder Nebel gewesen? Hätte man es riskiert, Boote und damit Passagiere zu verlieren?

---

[212] Fitch et al. (2012), S. 116; Unklar bleibt jedoch, wie die von den amerikanischen Einwanderungsbehörden geforderte Klassentrennung auf dem Schiff dabei aufrecht gehalten werden kann. Die strikte Trennung der 3. Klasse von den anderen beiden Klassen an Bord war aus Sicht der amerikanischen Einwanderungsbehörde erforderlich, um die Ausbreitung von Seuchen an Bord zu verhindern. – Andererseits wurde diese Trennung bei der Besatzung aufgeweicht, da die für die 3. Klasse zuständige Besatzung mit anderen Besatzungsmitgliedern in Berührung kam, sei es in den Unterkünften oder bei den Mahlzeiten. Zudem gibt es Indizien, dass der Speisesaal der 3. Klasse als Messe für die Stewards aller Klassen genutzt wurde.

Oder hätte man die Rettungsboote bei weiterhin voller Fahrt voraus ausgeschwungen und womöglich mit Passagieren besetzt? Was wäre gewesen, wenn sich dabei ein Passagier verletzt hätte? Und was hätte es genützt, wenn Passagiere auf einem fahrenden Schiff in einem ausgeschwungenen Rettungsboot sitzen? Ein Abfieren wäre unmöglich gewesen, solange das Schiff nicht gestoppt war. Aber auch wenn es vielleicht Abwechslung in den Bordalltag der Passagiere gebracht hätte: Wer wäre hineingestiegen? Das Wetter am 14. April 1912 war zudem nicht sonderlich einladend, um mal probeweise in ein ausgeschwungenes Rettungsboot zu klettern … Und damit bleibt die Frage: Wie hätte ein sinnvolles Bootsmanöver auf der *Titanic* aussehen können? – Das Notfallmanagement steckte noch in den Kinderschuhen, und viele Aspekte wurden erst durch den Untergang der *Titanic* erkannt. Außerdem ist daran zu erinnern, dass man am 14. April 1912 noch davon ausgeht, dass solche großen Schiffe, selbst wenn sie sinken, sehr langsam sinken und durch Funk Hilfe herbeigerufen werden kann, die rechtzeitig vor dem Untergang eintrifft. Der Untergang der *Republic* im Januar 1909, vor damals also etwas mehr als drei Jahren, hatte diese Annahme eindrucksvoll bestätigt. In dieser Theorie kann man Rettungsboote mehrfach verwenden, und man hat auch die Boote vom Rettungsschiff. Außerdem hat man ausreichend Zeit, um alle Menschen von Bord des sinkenden Schiffes zu holen. Damit soll noch einmal die Frage gestellt werden: Wie hätte unter diesen Annahmen und Voraussetzungen ein sinnvolles Bootsmanöver auf der *Titanic* aussehen können? – Selbst auf heutigen Kreuzfahrtschiffen steigen die Passagiere bei Übungsmanövern üblicherweise nicht in die Rettungsboote, sondern ihnen wird der Weg zur Sammelstation gezeigt – und es wird darauf hingewiesen, dass das Notsignal nicht bedeutet, dass das Schiff evakuiert wird. Es bedeutet nur, dass man unverzüglich zur Sammelstation gehen soll – mit warmer Kleidung, Kopfbedeckung, Schwimmweste und eventuell benötigten Medikamenten. Da man bei Ertönen des Notsignals nicht mehr in seine Kabine zurückkehren, sondern direkt zur Sammelstation gehen soll, wo es auch Schwimmwesten gibt, und ein Notfall theoretisch jederzeit unangekündigt auftreten kann: Wer verlässt seine Kabine nur mit warmer Kleidung, Kopfbedeckung und allen benötigten Medikamenten, wenn er sich auf dem Schiff bewegt?

Doch am 14. April 1912 schwimmt die *Titanic* noch und ist weiter auf ihrem Weg nach Westen. Es findet kein Bootsmanöver statt, weder für die Passagiere noch für die Besatzung. Die nächste Mahlzeit des Tages in den Speisesälen ist Lunch in der 1. und 2. Klasse sowie Dinner in der 3. Klasse. Diese Mahlzeiten werden in den Speisesälen ab 12:30 Uhr (2. Klasse) bzw. 13 Uhr serviert. Ein Gesprächsthema beim Lunch ist vermutlich die seit dem letzten Mittag zurückgelegte Strecke in Seemeilen – zum Zeitvertreib an Bord gehört das Wetten auf diese Zahl, die bald nach 12 Uhr mittags veröffentlicht wird. Und es gehört auch die anschließende Diskussion untereinander hinsichtlich der Auswirkung auf die Ankunftszeit in New York dazu. Ebenso dazu gehört der Blick in die Zukunft: Wie viele Seemeilen wird die *Titanic* bis zum nächsten Mittag zurückgelegt haben? Natürlich kann darauf wieder gewettet werden, und um die eigenen Chancen zu erhöhen, wird jede mögliche Informationsquelle mit Insiderwissen genutzt. So ist das Platzieren der Wette schon Wissenschaft für sich, und eine gute Beschäftigung während eines Seetages, die einen zudem noch mit anderen ins Gespräch bringt.

Der Nachmittag steht den Passagieren erneut zur freien Verfügung. Spaziergänge an Deck oder hinter der verglasten Promenade sind eine Möglichkeit des Zeitvertreibs. Kate Buss wird von der Ehefrau von Reverend Carter genötigt, sich im Stuhl des Reverends auszuruhen, da Kate Buss so erschöpft aussieht.

Andere schreiben Briefe, so z. B. Esther Hart. Esther Hart war am Vortag seekrank, doch am Sonntag geht es ihr wieder besser. Sie schreibt: *„Die Seeleute sagen, wir hatten bisher eine wundervolle Passage. Es gab keinen Sturm, doch weiß Gott wie es sein muss, wenn einer herrscht. Diese mächtige ausgedehnte Fläche an Wasser, kein Land in Sicht und das Schiff rollt äußerst wundervoll von einer Seite zur anderen, obwohl sie sagen, dass das Schiff wegen seiner Größe nicht rollt. Mir reicht das allerdings."*[213]

In Großbritannien ist es an Internaten üblich, dass die Schülerinnen und Schüler am Sonntag ihren Eltern schreiben. Damit ist der sonntägliche Brief nach Hause früheren Internatsschülerinnen und –schülern in Fleisch und Blut übergegangen. Allerdings gibt es auf der *Titanic* eine moderne Alternative: Statt einen Brief zu schreiben, kann man ein Funktelegramm senden. Einige Passagiere nutzen diese Möglichkeit, sich von hoher See aus zu Hause zu melden, so zum Beispiel auch Algernon Barkworth. In anderen Funktelegrammen wird die Unterkunft in Hotel oder die Weiterreise nach der Ankunft in New York arrangiert.

---

[213] Behe (2011/1), S. 123

Im Laufe des Nachmittags wird es kälter, so dass es auf den offenen Decks ungemütlicher wird. Viele Passagiere halten sich im Schiffsinnen auf und vertreiben sich die Zeit. Dabei wird die zunehmende Kälte auch im Schiff bemerkt; viele Passagiere sitzen in warmer Kleidung in den Lounges und wundern sich, dass die *Titanic* nicht komfortabler geheizt wird. In der 1. Klasse sagt mindestens ein Steward den Passagieren, dass die *Titanic* bereits in Kürze von Eis umgeben sein wird. Besorgt ist deswegen allerdings niemand.

Am späten Nachmittag gehen Mrs. Ryerson und Mrs. Thayer auf dem überdachten Promenadendeck der 1. Klasse spazieren. Mrs. Ryerson ist mit ihrem Mann und den drei Kindern auf dem Rückweg in die USA, wo ihr ältester Sohn bei einem Unfall ums Leben gekommen war. Mrs. Ryerson hat sich die bisherige Zeit an Bord in ihrer Kabine aufgehalten, und Mrs. Thayer hat sich gefreut, dass es ihr gelungen ist, Mrs. Ryerson zu einem Spaziergang zu bewegen. Die beiden Damen bleiben stehen, um den Sonnenuntergang zu beobachten. Unerwartet und unaufgefordert gesellt sich Joseph Bruce Ismay, der Vorstandsvorsitzende der Reederei, zu ihnen. Ismay ist niemals ein Meister der seichten Unterhaltung gewesen, und das zeigt sich auch hier erneut: Er erkundigt sich, ob die Kabinen zur Zufriedenheit der beiden Damen sind. Dann zeigt er ihnen eine Eiswarnung der *Baltic* und sagt, dass das Schiff mitten zwischen Eisbergen ist. Hinsichtlich der Geschwindigkeit befragt, sagt Ismay, dass die *Titanic* nicht mit voller Fahrt fährt, aber weitere Kessel im Laufe des Nachmittags oder Abends in Betrieb genommen werden. Mrs. Ryerson ist von Ismays Anwesenheit gelangweilt, doch vielleicht wollte Ismay Mrs. Thayer beeindrucken? Oder er wollte ihr wichtige Informationen für die Wette auf die zurückgelegte Distanz bis zum nächsten Mittag geben? Im Rauchsalon der Männer ist diese tägliche Wette eine ganz wichtige Angelegenheit währen der Überfahrt. Ismay geht, als Mr Thayer und Mr Ryerson zu den beiden Damen kommen.

Anscheinend fühlt Ismay sich zu Mrs. Thayer hingezogen, der er nach dem Untergang der *Titanic* schreiben wird, was wohl aus ihnen beiden – Marian Thayer und Joseph Bruce Ismay – hätte werden können, wenn der Untergang der *Titanic* nicht gewesen wäre. Mrs. Thayer muss über einen sehr ausgeprägten Charme verfügt haben, denn sie lockte nicht nur Mrs. Ryerson aus ihrer Kabine heraus und weckte Ismays Interesse, sondern am Abend schließt sie Freundschaft mit Major Archibald Butt, als die Thayers und Butt zusammen mit anderen Gäste der Wideners im Restaurant waren.

Einer der Amerikaner an Bord, der Maler Francis Millet, ist von den Amerikanerinnen an Bord weniger begeistert. In einem bereits am 11. April 1912 an einen Freund geschriebenen Brief hält er fest: *„[...] und eine Anzahl von widerwärtigen, prahlerischen, amerikanischen Frauen, eine Geißel der Menschheit an jedem Fleck, den sie heimsuchen, und ganz besonders an Bord von Schiffen. Viele von ihnen tragen kleine Hunde und führen ihre Ehemänner wie Streichellämmer herum. Ich sage Dir, wenn sie loslegt, ist die amerikanische Frau ein Knaller. Sie sollte in einen Harem gesteckt werden und dort bleiben."*[214]

Die reichhaltigste Mahlzeit des Tages, das Dinner, wird in der 1. und 2. Klasse abends serviert; in der 2. Klasse um 18 Uhr, in der 1. Klasse um 19 Uhr. – In der 3. Klasse gab es Dinner bereits zur Mittagszeit, gefolgt von „Tea" am späteren Nachmittag, wobei „Tea" in der 3. Klasse an Bord der *Titanic* eine vollständige Mahlzeit ist und später von einem Supper, einer leichten Mahlzeit, gefolgt wird. Die anderen beiden Klassen jedoch haben ein echtes Dinner, sofern man in der 1. Klasse nicht im Restaurant speist, wo es keine festen Essenszeiten gibt.

Zum Dinner am Sonntagabend machen sich einige noch etwas feiner, doch viele Passagiere bevorzugen wegen der Kälte warme Kleidung. In der Erinnerung der Überlebenden ist das Dinner vom Sonntagabend besonders festlich.

Nach dem Essen kann man in der 1. Klasse den Musikern lauschen oder im Verandacafé, oft auch Palmengarten genannt, noch einen Mokka trinken. Ein paar Kartenspieler haben sich gefunden, während andere Passagiere in ihre Kabinen gehen, die in der 1. Klasse durch eine elektrische Heizung komfortabel geheizt werden können.

In der 2. Klasse hat Reverend Carter ein Hymnensingen organisiert, das bis 22 Uhr geht und gut besucht wird. Am Ende dankt Reverend Carter dem Zahlmeister dafür, dass der Speisesaal für das Singen genutzt werden konnte. Stewards stehen mit Kaffee und Gebäck bereit.

In der 3. Klasse wird um 22:30 Uhr das Licht gelöscht. Um 23 Uhr wird in den öffentlichen Räumen der anderen beiden Klassen das Licht ausgeschaltet.

---

[214] Behe (2011/1), S. 105

Die meisten Passagiere ziehen sich früh in ihre Kabinen zurück und viele gehen auch früh schlafen. Es ist ein Sonntagabend, es ist ein weiterer Seetag und es ist kalt, sowohl draußen an Deck als auch drinnen im Schiff, wenn man nicht über eine Kabine mit elektrischer Heizung verfügt. Ein weiterer Tag neigt sich dem Ende zu. Doch noch vor Mitternacht geschieht etwas, was viele an Bord aufweckt und zahlreiche Menschen trotz der Kälte an Deck gehen lässt, da die Maschinen, deren Vibrationen ständige Begleitung auf der Reise waren, stoppen – mitten auf dem Atlantik, mitten in der Nacht. Und da war ein Stoß oder ein Zittern oder auch nur ein merkwürdiges Geräusch gewesen; etwas Unerwartetes, etwas, was nicht auf eine Transatlantikpassage gehört …

Die Morgendämmerung des 15. April 1912 werden viele Menschen von der *Titanic* und auch die *Titanic* selbst nicht mehr erleben. 1.496 Menschen verlieren ihr Leben beim Untergang der *Titanic*, 712 erreichen mit der *Carpathia* New York. Die *Carpathia* hat die Überlebenden mitten auf dem Atlantik aus den Rettungsbooten der *Titanic* übernommen. Die *Titanic* selbst war jedoch vor Ankunft der *Carpathia* gesunken.

Anhang 2:
Auf der *Carpathia*
Als eine Routinefahrt zu einer Rettungsfahrt wurde

Als die *Carpathia* am 11. April 1912 New York mit Kurs auf Gibraltar und das Mittelmeer verließ, gingen alle davon aus, dass es eine Routinefahrt werden würde – viele Seetage am Stück bei steigenden Temperaturen von Luft und Wasser, viel Müßiggang und wohl auch Langeweile für die Passagiere. Doch so wie die Jungfernfahrt der *Titanic* zu einer Unglücksfahrt wurde, wurde die Routinefahrt der *Carpathia* zu einer Rettungsfahrt.

Ohne historische Parallele

Es hatte bis zum 15. April 1912 kein vergleichbares Schiffsunglück gegeben. Noch nie war ein Schiff von der Größe der *Titanic* auf hoher See in Seenot geraten und gesunken, und noch nie hatte ein Schiff wie die *Carpathia* auf hoher See 712 Überlebende aus 18 Booten übernehmen müssen. Allen Beteiligten fehlten also Erfahrungsberichte anderer, aus denen man hätte lernen können.

Eine ähnliche Aktion war die Rettungsaktion der *Baltic* beim Untergang der *Republic* im Januar 1909, doch die Voraussetzzungen waren andere. Auf der schwer beschädigten *Republic* befanden sich inklusive Besatzung 742 Personen[215], es waren also deutlich weniger Menschen in Seenot als auf der *Titanic* mit ihren 2.208 Personen an Bord. Die *Florida* mit ihrer Vermessung von 5.018 BRT hatte 839 Passagiere[216] an Bord. Da die *Republic* nach der Kollision mit der *Florida* ohne Licht und ohne Heizung war, wurden die Passagiere der *Republic* auf die *Florida* evakuiert, die damit überladen war. Allerdings bot die *Florida* mehr Komfort als die dunkle und kalte *Republic*.

---

[215] https://de.wikipedia.org/wiki/RMS_Republic_(Schiff%2C_1903), zuletzt besucht am 18.07.2019
[216] https://de.wikipedia.org/wiki/Florida_(Schiff,_1905), zuletzt besucht am 18.07.2019

Die *Baltic* als Rettungsschiff war mit 23.876 BRT das größere Schiff im Vergleich zur *Republic* mit ihren 15.357 BRT. Noch ehe die *Baltic* den Unglücksort erreichte, waren schon zwei andere Schiffe bei den Havaristen eingetroffen: ein Zollkutter und ein Zerstörer. Beide waren für Rettungsaktionen dieses Umfangs ungeeignet. Aber ihre Anwesenheit war gut für die Moral der Schiffbrüchigen, die so das Gefühl hatten, nicht allein auf hoher See zu sein. Verglichen mit dem Untergang der *Titanic* befand sich der Unglücksort der *Republic* dichter an der Küste, so dass die Schiffbrüchigen für eine kürzere Zeit versorgt werden mussten. Und die *Republic* wie auch die *Florida* waren Auswandererdampfer, während die *Baltic* ein Schiff im Transatlantikdienst war und dementsprechend auch über zahlreiche höherwertige Kabinen verfügte:

Kapazität	*Baltic*	*Republic*	*Florida*
1. Klasse	425	280	25
2. Klasse	450	250	0
3. Klasse	2.000	2.300	1.600
Gesamt	**2.875**	**2.830**	**1.625**

Tabelle 1: Kapazitätsvergleich Baltic/Republic/Florida

Bei der *Titanic* und der *Carpathia* verhielt es sich anders herum. Die *Titanic* war der Transatlantikliner, die *Carpathia* das Auswandererschiff. Zwar war die Passagierkapazität der *Carpathia* mit 2.550 höher als die der *Titanic* mit 2.471 (Konfiguration der Jungfernfahrt), doch verteilte sich die Kapazität unterschiedlich auf die einzelnen Klassen, siehe Tabelle 2 auf der folgenden Seite.

Nun hatte die *Carpathia* allerdings schon Passagiere und Besatzung an Bord, als sie die Überlebenden der *Titanic* aufnahm. Die genaue Auslastung der *Carpathia* auf dieser Fahrt ist Stand Juli 2019 nicht bekannt, dennoch lässt sich Tabelle 3 auf der folgenden Seite entnehmen, dass selbst eine komplett leere *Carpathia* in der 1. Klasse nicht genug Platz für die Überlebenden aus dieser Klasse gehabt hätte.

	Titanic	Carpathia[217]	Differenz (Carpathia - Titanic)
Rauminhalt	46.329 BRT	13.603 BRT	
Länge über alles	269m	165m	
Breite	28m	20m	
Passagiere Gesamt	2.471	2.550	+79
davon 1. Klasse	787	100	-687
davon 2. Klasse	676	200	-476
davon 3. Klasse	1008	2.250	+1242
Besatzung	899	250[218]	-649

Tabelle 2: Größenvergleich Titanic und Carpathia

	Überlebende Titanic	Kapazität Carpathia	Differenz (Carpathia - Titanic)
1. Klasse	201	100	-101
2. Klasse	119	200	+81
3. Klasse	180	2.250	+2070
Besatzung	212	250	+38

Tabelle 3: Differenz zwischen Kapazität Carpathia und Überlebende Titanic

Angaben von Passagieren der *Carpathia*, die weiter unten aufgeführt werden, geben zudem an, dass auch in der 2. Klasse Kabinen für Gerettete fehlten. Und auch für die überlebenden Besatzungsmitglieder musste Platz auf dem Schiff

---

[217] Zahlen *Carpathia* nach Haws, Duncan (1989), *Merchant Fleets. Cunard Line*, updated, Hereford: TCL Publications

[218] https://100yearsagotoday.wordpress.com/2012/05/29/captain-and-crew-of-the-rms-carpathia-receive-awards/, zuletzt besucht am 01.07.2019

gefunden werden – wer sich in Erinnerung ruft, wie sehr der 2. Offizier Lightoller darauf bedacht war, während des US-Untersuchungs-ausschusses nicht im gleichen Hotel wie die Besatzung untergebracht zu werden[219], kann davon ausgehen, dass auch auf der *Carpathia* die überlebenden Besatzungsmitglieder nach Hierarchie getrennt untergebracht wurden. Allerdings wird die *Carpathia* mit (fast) vollständiger Besatzung gefahren sein – die Anzahl von Offizieren, Seeleuten, Maschinisten sowie Heizern, Kohleziehern und Schmierern ist unabhängig von der Anzahl der Passagiere. Es wird dementsprechend kaum freie Plätze in den Besatzungsunterkünften gegeben haben.

Wie die Unterbringung der überlebenden Besatzungsmitglieder der *Titanic* auf der *Carpathia* erfolgte, ist aus den verwendeten Quellen nicht ersichtlich. Der 2. Offizier der *Carpathia*, James Bisset, schreibt in seiner Autobiographie „Tramps and Ladies", dass er seine Kabine für Gerettete räumte und ins Zwischendeck zog. Die Kapitänskabine wurde entweder von Mrs. Astor belegt oder aber in ein Krankenzimmer umgewandelt, die Angaben dazu variieren. Rostron selbst schreibt in seiner Autobiographie, dass er seine Kabine drei Frauen überließ, die durch den Untergang der *Titanic* zu Witwen geworden waren. Hugh Woolner, ein Passagier aus der 1. Klasse der *Titanic*, erwähnte, dass er auf einem Sofa in der Kabine des 1. Offiziers der *Carpathia* schlief.

Dr. Arpad Lengyel, einer der drei Schiffsärzte der *Carpathia*, berichtete, dass die überlebenden und unverletzten Besatzungsmitglieder der *Titanic* zu Arbeiten auf der *Carpathia* herangezogen wurden und nennt dabei das Beispiel des Funkers Harold Bride. Der allerdings war verletzt, war aber dennoch bereit, den einzigen Funker der *Carpathia* abzulösen, damit dieser Schlaf bekam. Die Gier nach Nachrichten von der *Carpathia* war enorm und nur dann halbwegs zu befriedigen, wenn die Funkstation rund um die Uhr besetzt war. Mit zwei Funkern war das möglich.

Vielleicht haben unverletzte überlebende Stewards und Stewardessen sowie andere unverletzte Überlebende aus dem Servicebereich (Victualing Department) ihre Kollegen auf der *Carpathia* unterstützt, die auf einen Schlag 712 Menschen mehr zu versorgen hatten. Das bedeutete auch mehr Aufwand beim Kochen und bei der Verteilung der Mahlzeiten, aber auch beim Reinigen der Räume, angefangen bei den Kabinen und aufgehört bei den Badezimmern und Toiletten.

---

[219] Wade (1986), S. 140 f.

Inwieweit andere Besatzungsmitglieder aus anderen Abteilungen zur Arbeit auf der *Carpathia* herangezogen wurden, ist aus den verwendeten Quellen nicht ersichtlich. – Für die überlebenden Besatzungsmitglieder der *Titanic* endete ihre Anstellung auf dem Schiff und damit auch ihre Bezahlung durch die White Star Line mit dem Untergang. Wenn die überlebenden Besatzungsmitglieder der *Titanic* wirklich auf der *Carpathia* mitgearbeitet haben, dann geschah diese Mitarbeit unentgeltlich, sofern sie nicht während der Fahrt offiziell vom Kapitän der *Carpathia* angemustert worden waren. Etwas anderes war es beim Funker Bride, der ein Arbeitsverhältnis mit der Marconi-Gesellschaft hatte und in erster Linie von der Marconi-Gesellschaft bezahlt wurde.

Die *Carpathia* erreicht den Unglücksort

Die *Carpathia* war am 11. April 1912 mit dem Ziel Mittelmeer aus New York ausgelaufen. Als erster Hafen sollte Gibraltar angelaufen werden. Es stand zu erwarten, dass das Wetter mit jedem Tag wärmer werden würde, sicher eine willkommene Aussicht für die Passagiere an Bord. – Auch die *Carpathia* war ein Schiff ihrer Zeit, d. h. es gab während der Seetage für Passagiere kein Unterhaltungsprogramm nach heutigem Verständnis. Spaziergänge an Deck oder Seeluft schnuppern im Deckstuhl war eine häufige Aktivität, außerdem gab es eine Bibliothek an Bord und natürlich Rauchsalons für die jeweiligen Klassen. Es bestand auch die Möglichkeit, Spiele zu spielen; einer gewissen Beliebtheit erfreuten sich Kartenspiele. Bei schönerem Wetter wurden auch Deckspiele veranstaltet, z. B. Shuffleboard, Ringe werfen, Eierlaufen, Sackhüpfen oder Tauziehen, üblicherweise in Form von Wettkämpfen. Hinter diesen Wettkämpfen standen Passagiere, die sich für die Organisation und Durchführung zusammen mit dem Zahlmeister verantwortlich zeigten.

Die Nacht zum 15. April 1912 änderte erstmal alles. Der Notruf der *Titanic* sorgte dafür, dass der Kapitän der *Carpathia* den Kurs nach Nordwest ändern ließ und mit dem Schiff in ein ausgedehntes Eisfeld hinein fuhr. Jede Unze Dampf sollte zudem für die Maschinen verwendet werden, um möglichst schnell bei der *Titanic* zu sein – eigentlich war die *Carpathia* ein langsames Schiff mit ihrer

Dienstgeschwindigkeit von 14 Knoten[220]. Die Konkurrenz des Norddeutschen Lloyd setzte auf der Mittelmeerroute schnellere Schiffe ein, z. B. die *Berlin* (Baujahr 1909), die eine Dienstgeschwindigkeit von 19 Knoten hatte[221].

Die Passagiere der *Carpathia* wurden über die nächtliche Kursänderung nicht informiert. Letztendlich betraf es die Passagiere vorerst nicht, und es lag kein Grund vor, die Passagiere in ihrer Nachtruhe zu stören. Es gab für sie schließlich nichts zu tun. Einige jedoch wurden wach, als sie ungewöhnliche Geräusche oder Gerüche bemerkten, zum Beispiel den Duft von frisch gebrühtem Kaffee oder den Lärm, den das Ausschwingen der Rettungsboote trotz allergrößter Vorsicht verursachte. Die Rettungsboote der *Carpathia* wurden ausgeschwungen, weil man auf der *Carpathia* noch davon ausging, die sinkende *Titanic* schwimmend anzutreffen und Passagiere und Post von Bord zu holen waren – dafür sollten auch die Boote der *Carpathia* mit eingesetzt werden. Das hätte dann auch die – nach dem Untergang der *Titanic* scharf kritisierte – verfügbare Rettungsbootkapazität deutlich erhöht. Und die Rettungsboote der *Titanic* und der *Carpathia* hätten mehrfach verwendet werden können, indem sie zum Transfer von Passagieren und Post zwischen den beiden Schiffen gependelt wären.

Einigen Passagieren der *Carpathia* gelang es, an Deck zu gehen und die Aktivitäten der Besatzung an Deck zu beobachten. Dass man nach Norden fuhr, merkten die Passagiere daran, dass es immer kälter wurde – und dann sah man auch Eis! Immerhin schien die *Carpathia* nicht in Seenot zu sein, aber vielleicht in Gefahr, weil man so schnell fuhr? War womöglich ein Krieg ausgebrochen und die *Carpathia* hatte den Kurs geändert, um feindlichen Schiffen zu entkommen? Doch dann sickerte durch, dass die *Titanic* um Hilfe gebeten hatte. Das wiederum erschien einigen Passagieren unglaubwürdig. Das größte Schiff der Welt hatte Probleme und ausgerechnet die *Carpathia* sollte helfen? Man blieb also an Deck und wartete ab und hoffte, dass die Besatzung einen nicht wieder zurück in die Kabine schicken würde.

---

[220] Zur Geschwindigkeit der *Carpathia* auf dem Weg zur *Titanic* siehe Philipp (2016) sowie Philipp und Baak (2016)
[221] Die *Titanic*-Passagiere Archibald Butt und Francis Millet hatten ihre Europareise mit einer Überfahrt von New York nach Italien auf der *Berlin* begonnen.

Auf dem Weg zur *Titanic* konnte man sich auf der Brücke der *Carpathia* trotz der besorgniserregenden Funkmeldungen von der *Titanic* nicht vorstellen, dass das größte Schiff der Welt sinken könnte, ehe die 58sm (= 107km) von der Notrufposition entfernte *Carpathia* vor Ort war. Man war sich zwar sicher, dass die *Titanic* ernsthaft beschädigt war – sonst hätte sie auch keinen Notruf abgesetzt – aber an einen Untergang glaubte niemand! Grüne Leuchtsignale, die ab und an aufstiegen, wurden so interpretiert, dass sie von der *Titanic* abgefeuert worden waren, sie also noch schwimmen musste. Von der *Carpathia* aus wurden nun auch Raketen abgefeuert, um der *Titanic* zu signalisieren, dass Hilfe nahte. Doch als die *Carpathia* sich der Notrufposition weiter annäherte und nichts vom riesigen Schiff in Sicht kam, sank die Hoffnung. Nun ging man davon aus, dass die grünen Leuchtsignale, nach denen man auch steuerte, von einem Rettungsboot aus abgefeuert wurden – und man sie auf eine unerwartet große Distanz gesehen hatte, weil die Sicht in dieser Nacht außergewöhnlich gut war.

Gegen 4 Uhr Schiffszeit *Carpathia* (4:12 Uhr Schiffszeit *Titanic*) glaubte Rostron sich an Ort und Stelle und stoppte sein Schiff[222]. Der Morgen brach an, und dann

---

[222] Seit Entdeckung des Wracks der *Titanic* am 1. September 1985 ist klar, dass die Notrufposition der *Titanic* falsch war. Die *Titanic* hatte eine Position 13sm (= 24km) weiter westlich genannt. Dennoch wird an Rostrons Darstellung festgehalten, dass Rostron an der Notrufposition der *Titanic* angekommen war, abstoppen ließ und dann erst das erste Rettungsboot sah. – Keines der Rettungsboote wird die Distanz zwischen Untergangsstelle und Notrufposition zurückgelegt haben, ehe die *Carpathia* eintraf. Von daher stellt sich die nach dem Wissen der Autorin bis August 2019 unbeantwortete Frage, ob Rostron wirklich erst abstoppen ließ und dann das Rettungsboot sah oder ob er doch zuerst das Rettungsboot sah und deswegen abstoppen ließ. Diese Variante wird von Augenzeugen von der *Carpathia* gestützt, die berichteten, dass eine Stimme aus dem Boot rief: „Stoppen Sie die Maschinen!", und die *Carpathia* stoppte ab. Eine andere mögliche Erklärung ist, dass Rostron, der seit einiger Zeit nach den grünen Leuchtkugeln gesteuert hatte, die zurückgelegte Distanz auf einem Log ablesen ließ und nach Erreichen der vorher errechneten 58sm abstoppte, weil er dachte, er hätte die Notrufposition erreicht. Dabei hat Rostron nicht in Erwägung gezogen, dass er bei der Fahrt durch das Eisfeld zahlreichen Eisbergen ausgewichen ist, wodurch sich seine Fahrstrecke verlängerte (siehe Philipp und Baak (2016)). – Dass die *Carpathia* die Rettungsboote der *Titanic* direkt gefunden hat, obwohl die Notrufposition der *Titanic* nachweislich falsch war, erklärt sich damit, dass die Untergangsstelle auf dem Kurs der *Carpathia* zur Notrufposition der *Titanic* lag. Wäre die *Carpathia* wie z. B. die *Mount Temple* von einer anderen Stelle aus zur Notrufposition gefahren, hätte sie außer Eis nichts gefunden. Die *Mount Temple* war an der Notrufposition und erkannte dort, dass die Position falsch sein musste, weil im Osten – woher die *Titanic* hätte kommen müssen – eine dichte Eisbarriere war, die, nach Einschätzung des Kapitäns der *Mount Temple,* die *Titanic* niemals hätte durchdringen können. Von daher musste der Untergangsort der *Titanic* östlich von der Notrufposition gewesen sein.

sah man von der Brücke der *Carpathia* ein Rettungsboot zur *Carpathia* rudern. Das Boot befand sich in Luv. Rostron konnte die *Carpathia* nicht so manövrieren, dass das Rettungsboot in Lee aufgenommen werden konnte, da ein großer Eisberg vor dem Bug der *Carpathia* aufragte. Das Rettungsboot konnte aber auch nicht unter dem Heck der *Carpathia* durchrudern, um nach Lee zu gelangen, da das Boot über zu wenige Seemänner verfügte. Also begann die Rettungsaktion mit der Aufnahme der ersten Überlebenden in Luv.

Die Passagiere der *Carpathia*

In der zunehmenden Morgendämmerung kamen immer mehr Rettungsboote der *Titanic* auf die *Carpathia* zu. Und mehr und mehr Passagiere der *Carpathia* versammelten sich an der Reling, um die Rettungsaktion zu beobachten. Zu ihnen gesellten sich auch bereits aus den Booten geborgene Überlebende, die in den weiteren ankommenden Rettungsbooten angstvoll nach bekannten Gesichtern spähten. Sie sahen Rettungsboote zwischen Eisbergen. Rostron ließ einen Offizier die Eisberge zählen, weil sie so zahlreich waren: Der Offizier zählte 25, die höher als 60m waren und Dutzende, die zwischen 15 und 45m hoch waren. Diese Eisberge waren oft das erste, was die Passagiere der *Carpathia* sahen, wenn sie nun erst aufwachten und aus dem Fenster blickten. Nach einem kurzen Moment der Überraschung – man hatte sich auf dem Weg ins Mittelmeer gewähnt – zog man sich an und ging nach draußen. Man traf auf Überlebende und erhielt die Information über das, was während der Nacht geschehen war, von Stewards.

Unter den *Carpathia*-Passagieren, die an der Reling standen und die Rettungsaktion beobachteten, war auch Louis Ogden mit seiner Frau. Die Ogdens waren Freunde von Kapitän Rostron, und als der Kapitän seine Freunde an der Reling stehen sah, rief er ihnen zu, dass diese Rettungsaktion doch eine wunderbare Gelegenheit wäre, die neue Kamera zum Einsatz zu bringen. Louis Ogden stürzte in seine Kabine, holte die Kamera, die er am Vortag stolz dem Kapitän gezeigt hatte, und machte Fotos.

Zu den *Carpathia*-Passagieren, die von den Vorgängen lange nichts bemerkten, gehörten Charles Marshall und seine Frau. Sie wurden vom Klopfen eines Stewards an ihrer Kabinentür geweckt, der ihnen die Nachricht überbrachte, dass ihre Nichten sie sprechen wollten. Die Marshalls waren überrascht, denn sie wussten ihre Nichten auf der *Titanic*; noch am Vortag hatte man Funktelegramme ausgetauscht. Vom Steward erfuhren sie, wie ihre Nichten auf die *Carpathia* gekommen waren. Wenige Minuten später kam es zum Familientreffen.

Ein anderer Passagier auf der *Carpathia* war John Badenoch. Er wurde nach eigenen Angaben vom Nebelhorn geweckt und erfuhr vom Steward, dass die *Carpathia* der *Titanic* zur Hilfe eilte. Badenoch blieb an Deck und beobachtete auch die Aufnahme der Überlebenden der *Titanic* aus Rettungsbooten. Dabei suchte er nach Isidor und Ida Straus, die er kannte. Mit Hilfe einer Passagierliste der *Titanic* konnte er feststellen, dass die beiden wirklich auf der *Titanic* gewesen waren. Und als mehrere Rettungsboote fast zeitgleich eintrafen, motivierte er Mitreisende, nach den Straus' in den Rettungsbooten zu spähen. Als die *Carpathia* den Unglücksort verließ und Badenoch die Straus' noch nicht gefunden hatte, begann er das ganze Schiff abzusuchen – Zwischendeck, 2. Klasse, 1. Klasse, selbst belegte Kabinen waren vor ihm nicht sicher. Doch er fand die beiden nicht. Letztendlich war Badenoch überzeugt, dass Isidor und Ida Straus nicht an Bord waren und verfasste eine entsprechende Funknachricht für Percy Straus, einem Sohn von Ida und Isidor.

Die Passagiere der *Carpathia* sprachen mit den Überlebenden und verfassten Berichte, die sie den unterschiedlichsten Zeitungen zur Verfügung stellten. Im Vordergrund standen dabei immer die *Titanic* und die Vorgänge an Bord. Doch gelegentlich kamen auch die Zustände auf der *Carpathia* zur Sprache: Die Kabinen waren überfüllt, und so mussten viele Passagiere – Gerettete wie auch *Carpathia*-Passagiere, die ihre Unterkünfte Geretteten überlassen hatten – auf Tischen oder dem Boden schlafen. Aber die Versorgung der Passagiere mit Nahrung funktionierte weiterhin, auch wenn es offenbar Arbeit rund um die Uhr für die Küchencrew bedeutete, da alle Mahlzeiten in drei Schichten serviert werden mussten und damit zwischen 8 Uhr morgens und Mitternacht immer Mahlzeiten ausgegeben wurden. Zuerst wurden die Überlebenden versorgt, danach die Passagiere der *Carpathia* und zum Schluss die Besatzung. Auch qualitativ soll das Essen kaum schlechter gewesen sein als vor der Rettung der 712 Schiffbrüchigen.

Einen Einblick in die Auswirkungen des *Titanic*-Unglücks auf der *Carpathia* gab eine namentlich nicht bekannte Passagierin in einem Brief an eine Bekannte. Sie war mit ihrem Mann auf Hochzeitsreise an Bord der *Carpathia*. Die frisch Vermählten gaben ihre Kabine an Überlebende und zogen zu dem Ehepaar, mit dem sie am Tisch saßen. Dass sie auf Hochzeitsreise waren, sagten sie nicht. So gingen die beiden Frauen zuerst ins Bett und belegten die unteren Kojen.

Nachdem die Frauen die Vorhänge an ihren Kojen zugezogen hatten, kamen die beiden Männer und legten sich schlafen.

Eine andere Passagierin der *Carpathia*, Mary Fabian, erwähnte in ihrem Brief an ihre Familie, dass alle an Bord der *Carpathia* glücklich waren, dass sie am nächsten Tag New York erreichen würden und damit die Aufregung am nächsten Tag vorbei wäre. Mary Fabian schrieb auch, dass ihre Kabine voller Leute war, die sich ausruhen oder anziehen wollten oder ihre Haare machen. Sie hatte ihre Kabine in der ersten Nacht drei Damen überlassen und selbst eine Bleibe in einem oberen Bett einer 4-Bett-Kabine gefunden, obwohl sie erwartet hatte, an Deck schlafen zu müssen.

Carlos Hurd schrieb in seinem Bericht für eine Zeitung in New York, dass nur Wenige der Männer, die auf der Passagierliste der *Carpathia* standen, nach Aufnahme der Überlebenden noch in ihren eigenen Kojen schliefen. Wie die geretteten Männer von der *Titanic* schliefen sie in Deckstühlen, auf Tischen im Speisesaal oder Sofas im Rauchsalon oder auf dem Fußboden. Hurd schrieb auch, dass die *Titanic*-Passagiere aus der 2. Klasse, die gerettet wurden, aus Platzgründen im Zwischendeck der *Carpathia* untergebracht wurden, da die 2. Klasse auf der *Carpathia* ausgebuchter gewesen war als die 1. Klasse.

Alles in allem vermitteln die Berichte den Eindruck, dass es auf der *Carpathia* nach Aufnahme der Überlebenden sehr eng geworden war. Das trübte jedoch die Hilfsbereitschaft der *Carpathia*-Passagiere nicht. Sie teilten ihre Kabinen oder überließen sie komplett Überlebenden; sie gaben Kleidungsstücke, damit die Überlebenden, die nichts anderes hatten als das, was sie am Leibe trugen, sich ankleiden oder auch die Wäsche mal wechseln konnten. Doch die Abkehr von der üblichen Bordroutine war auch sehr anstrengend für alle gewesen. Zudem waren Passagiere und Besatzung der *Carpathia* einer großen emotionalen Belastung ausgesetzt. Damals jedoch gab es noch keine psychologische Betreuung für Augenzeugen eines Unglücks – jeder musste selbst mit dem Erlebten fertig werden. Denn auch für die Passagiere der *Carpathia* führte der Untergang der *Titanic* die Gefahren einer Seefahrt vor Augen. Viele von ihnen traten die Wieder-aufnahme der Fahrt am 19. April 1912 ab New York mit gemischten Gefühlen an.

Die Passagiere der *Titanic*

Für die Passagiere der *Titanic* war die *Carpathia* der rettende Engel. Nach Stunden voller Ungewissheit in offenen Ruderbooten mitten in einem Eisfeld[223] versprach die *Carpathia* Schutz und Wärme und Sicherheit! Man hatte die *Titanic*, die bereits vor ihrem Untergang in höchsten Tönen gelobt wurde, untergehen sehen, besaß nur noch das, was man im Rettungsboot am Leibe trug – und kam auf ein Schiff, das 1903 in Dienst gestellt worden war und in erster Linie als Auswandererschiff eingesetzt wurde.

Zwischen 1903 und 1912 hatte sich der Komfort in der transatlantischen Passagierschifffahrt deutlich weiter entwickelt. Sichtbar wird diese Entwicklung an den sogenannten Big Four der White Star Line, die zwischen 1901 und 1907 in Dienst gestellt wurden. Die *Adriatic* als letztes Schiff dieser Baureihe hatte eine deutlich gehobene Ausstattung im Vergleich zur *Celtic* (1901), *Cedric* (1902) und *Baltic* (1904). Zwischen *Baltic* und *Adriatic* lagen allerdings auch die Indienststellungen der *Amerika* (1905) und der *Kaiserin Auguste Viktoria* (1906) der Hamburg-Amerika-Linie, die mit ihren a-la-carte-Restaurants (die ersten auf Schiffen!), Fahrstühlen und Kabinen in der 3. Klasse neue Maßstäbe in Sachen Komfort gesetzt hatten. Die *Carpathia* entstammte also noch einer anderen Generation von Transatlantikschiffen, und dementsprechend war ihr Einsatzgebiet überwiegend auf den Nebenrouten.

Wie bereits in den Eingangsüberlegungen dargelegt und in Berichten von Passagieren der *Carpathia* erwähnt, war der Platz auf der *Carpathia* besonders in der 2. und 1. Klasse begrenzt, d. h. nicht alle Überlebenden konnten in Kabinen untergebracht werden. Natürlich verspürten die Überlebenden der *Titanic* Dankbarkeit, dass die *Carpathia* sie aus den Rettungsbooten aufgenommen hatte und sie damit wieder ein Dach über dem Kopf sowie geheizte Räume hatten. Doch die *Carpathia* konnte auch abseits der Überfüllung in der 1. und 2. Klasse nicht den Komfort bieten, den die Passagiere auf der *Titanic* erfahren hatten. Clear Cameron, eine Reisende in der 2. Klasse der *Titanic*, schrieb in einem Brief an ihre Schwester über die *Carpathia*: *„Sie waren wirklich mehr als freundlich, sie wickelten uns alle in Decken, und es gab heißen Tee, Kaffee und Brandy, doch was wir auf dem Schiff erlitten, war schrecklich, denn es gab keinen Platz, wir konnten*

---

[223] In diversen Berichten von der *Carpathia* wird erwähnt, dass die Rettungsboote der *Titanic* zwischen Eisbergen waren, als sie zur *Carpathia* ruderten.

uns nicht waschen, konnten nirgendwo schlafen, nur auf dem Fußboden des Speisesaals, insgesamt gab es sehr wenig Essen, doch natürlich waren wir dankbar, gerettet worden zu sein und wir erreichten New York und da waren viele Damen, die denen ohne Freunde und Kleidung helfen wollten, denn wir waren ein furchtbarer Anblick.*"[224]* – Clear Cameron erkannte auch erst auf der *Carpathia*, als die Überlebenden zusammenkamen, um über einen Dank für Kapitän Rostron abzustimmen, wie viele Männer der 1. Klasse gerettet worden waren. Sie war darüber sehr empört. In absoluten Zahlen ausgedrückt haben 131 männliche Passagiere überlebt, davon 58 aus der 1. Klasse, 13 aus der 2. Klasse und 60 aus der 3. Klasse, während 108 Frauen (davon 4 aus der 1. Klasse, 12 aus der 2. Klasse, 89 aus der 3. Klasse sowie 3 weibliche Besatzungsmitglieder) und 50 Kinder und Säuglinge (davon 1 Kind aus der 1. Klasse und 49 Kinder und Säuglinge aus der 3. Klasse) beim Untergang der *Titanic* ihr Leben verloren[225]. Ihre Wut auf gerettete Passagiere der 1. Klasse brachte Clear Cameron in einem späteren Brief an ihre Schwester zum Ausdruck, in dem sie auch den Wunsch äußerte, dass die Duff Gordons für ihr Verhalten vor Gericht gestellt und bestraft werden sollten.

Weniger kritisch mit der *Carpathia* war Clear Camerons Freundin und Reisegenossin Nellie Walcroft, die mit Clear Cameron ein gemeinsames Ticket gehabt hatte, weswegen die beiden Frauen sich auf der *Titanic* eine Kabine geteilt hatten: *„Als wir zur* Carpathia *kamen, half man uns mit Tauen an Bord. Die Freundlichkeit der Offiziere und der Besatzung werden wir niemals vergessen. Sie brachten uns alle in den Salon und gaben uns unverdünnten Brandy. [...] Wir versuchten, jene Nacht auf den Tischen im Salon zu schlafen, doch es gewitterte die ganze Nacht. Wie dankbar waren wir, dass es nicht die vorhergehende Nacht war. Wir waren so glücklich, als wir die Nachricht erhielten, dass der Kapitän nach New York fährt.*"[226]

Olga Lundin, eine Passagierin aus der 3. Klasse der *Titanic*, schrieb an ihre Mutter und Schwester unter anderem: *„Oh großer Gott, was habe ich auf dieser Reise erlitten. [...] Ich habe schlechte Nachrichten: Nils, Albert und Paul haben ein Grab in den Wellen des Atlantiks gefunden. [...] Aber guter Gott, wir sind wie Schweine*

---

[224] Dowding (1997), S. 33
[225] Zahlen nach Söldner (2000)
[226] Dowding (1997), S. 43 f.

hier [auf der *Carpathia*], hier sind alle außer Japanern und Zigeunern. Es stinkt so, dass man glaubt zu sterben und man kann nichts essen."[227]

Elizabeth Nye, eine weitere Passagierin aus der 2. Klasse der *Titanic*, schildert ihren Eltern ihre Erlebnisse und schreibt zu der Zeit auf der *Carpathia*: *„Wir waren für gerade mal fünfeinhalb Stunden in dem kleinen Boot, ehe wir gerettet wurden. Sie ließen Säcke für die Babys herunter, um sie heraufzuziehen, und wir saßen auf einer Art Schaukel und wurden an einem Tau in Sicherheit gezogen. Sie waren äußerst zuvorkommend zu uns. Brachten uns eine nach der anderen zum Speisesaal und gaben uns Brandy. Ich trank ein halbes Glas Brandy ohne Wasser. Wir waren alle umgekommen, und das erweckte uns wieder zum Leben. Das Schiff ist natürlich mit seinen eigenen Passagieren gefüllt, aber sie haben für uns alle Schlafplätze gefunden, aber von uns hat niemand gut geschlafen, nachdem wir so EINEN SCHRECKLICHEN ALBTRAUM durchgestanden haben. [...] Wir erwarten, dass wir am Mittwochabend oder am nächsten Morgen anlanden werden. Ich werde so dankbar sein, denn ich fühle mich so schlecht auf diesem Schiff. Dieses Schiff ist nicht so schön, und wir müssen auf dem Boden des Schiffes schlafen. Aber dennoch danke ich Gott, dass ich am Leben bin."[228]*

Kate Buss ist möglicherweise eine der Passagiere aus der 2. Klasse der *Titanic* gewesen, die aus Platzgründen im Zwischendeck der *Carpathia* untergebracht wurde. Sie schreibt: *„Dieses Schiff* [die *Carpathia*] *ist so langsam, und wir müssen das zwei weitere Nächte aushalten. Jeder ist gut zu uns, außer einigen von diesen reizbaren Ausländern. Die Stewardess für unsere Kabine ist eine französische Jüdin, und da sind Ungarn, Franzosen und Deutsche um uns herum."[229]* In einem späteren Brief an ihre Eltern geht Kate Buss kurz auf das Rettungsschiff ein: *„Oh die* Carpathia! *Die Offiziere, Besatzung und Passagiere waren schrecklich gut, aber, oh, der Schmutz! Es war, als käme man von einem Palast in einen Schweinestall."[230]* Wie viele andere Überlebende befand sich auch Kate Buss in einem emotionalen Ausnahmezustand: *„Ich war niemals auch nur ein kleines bisschen seekrank, aber auf der* Carpathia *war ich nervlich am Ende. In der ersten Nacht hatten wir ein Gewitter, und als ich den Krach hörte und den Blitz*

---

[227] Behe (2011/1), S. 136 f (an dieser Stelle wird Olga Lundin als 2. Klasse-Passagierin geführt, doch im Register sowie in anderen Quellen wird Olga Lundin als Reisende in der 3. Klasse angegeben.)
[228] Behe (2011/1), S. 138
[229] Behe (2011/1), S. 146
[230] Behe (2011/1), S. 228

durch die Bullaugen sah, bekam ich ganz große Angst, denn ich dachte, das Schiff wäre kollidiert. In allen drei Nächten schloss ich meine Augen niemals länger als für anderthalb Stunden. Alles wäre gut gewesen, wenn ich an Deck hätte gelangen und sehen können, dass es nur ein Gewitter war. Es ist die Unsicherheit, wenn man unter Deck ist, die einen sich so schlecht fühlen lässt. Ich werde niemals mehr jemanden glauben, wenn man mir sagt, es bestünde keine Gefahr, bis ich mich selbst davon überzeugt habe."[231]

Auch in der 1. Klasse konnten nicht alle Überlebenden in eine Kabine der *Carpathia* unterkommen. Kornelia Andrews schrieb, dass sie auf den Fußböden des Speisesaals oder der Bibliothek schliefen. Die Countess of Rothes hingegen fand Platz in einer Kabine mit insgesamt vier Personen, aber auch die Countess erwähnt, dass viele auf dem Fußboden im Speisesaal schlafen mussten.

Kornelia Andrews ging in einem anderen Brief kurz auf die Stimmung an Bord der *Carpathia* ein: „Natürlich sind wir dankbar für unsere Rettung, aber die Trauer überall macht einen selbst traurig, so dass man an nichts anderes denken kann."[232]

Emma Schabert reiste mit ihrem Bruder, und beide gelangten in ein Rettungsboot. Über die *Carpathia* schrieb sie in einem Brief an ihre Mutter: „Der Dampfer war auf dem Weg nach Gibraltar, doch der Kapitän fährt uns zurück nach New York. Das muss schwer sein für die Leute, die nach Italien wollten. Das Schiff ist schrecklich überfüllt. Wir sind nicht aus unserer Kleidung gekommen, schlafen im Rauchsalon oder in der Bibliothek."[233]

Washington Dodge, der wie auch Frau und Kind gerettet wurde, allerdings in unterschiedlichen Rettungsbooten, war einer der überlebenden Männer aus der 1. Klasse: „Die *Carpathia* lag für einige Stunden beigedreht, während die Insassen verschiedener Rettungsboote an Bord genommen wurden, so wie sie angerudert kamen, eines nach dem anderen. Einige der Passagiere der *Carpathia* beschäftigten sich damit, Fotos von den Rettungsbooten zu machen, als diese längsseits des Dampfers kamen. Diese Fotos sind in zahlreichen Zeitungen und Magazinen im ganzen Land abgedruckt worden, und sie zeigen viele Rettungsboote, die gerade mal halb gefüllt waren. Keines davon war vernünftig bemannt; es waren nur wenige Seeleute in ihnen. [...] Kaum hatte ich Fuß auf die

---

[231] Behe (2011/1), S. 228
[232] Behe (2011/1), S. 156
[233] Behe (2011/1), S. 172

Carpathia *gesetzt, als ich von Herrn Wallace Bradford von der Firma Hulse-Bradford Company in dieser Stadt* [San Francisco] *begrüßt wurde, der ein Passagier der* Carpathia *mit dem Ziel Triest war. Er bestand darauf, seine Kabine meiner Frau und meinem Kind zur Verfügung zu stellen. Ich nahm dieses Angebot dankbar an.*

Die Carpathia*, die bereits mit ihren eigenen Passagieren gut gefüllt war, war nun mit unseren 700 zusätzlichen Personen extrem überfüllt. Allerdings wurde sich um alle komfortabel gekümmert. Die männlichen Passagiere an Bord, und in vielen Fällen auch die Damen, gaben ihre Kabinen auf für Frauen und Kinder der* Titanic.*"*[234]

William T. Sloper, ein weiterer der geretteten Männer aus der 1. Klasse, verfasste noch an Bord der *Carpathia* einen Bericht, in dem es u. a. hieß: *„Abschließend möchte ich noch die Freundlichkeit und das Mitgefühl von Passagieren und Besatzung des Dampfers* Carpathia*, der uns gerettet hat, erwähnen. Zehn Minuten später, und der Funker dieses Schiffes wäre schlafen gegangen und unsere Nachricht hätte dieses Schiff nicht erreicht. Vielleicht wären wir dann noch in kleinen Booten auf See gewesen oder überspült worden und ertrunken. Die Stewards und die Besatzung arbeiten unablässig, damit wir es bequem haben und versorgen uns mit Essen, während die Passagiere ihre Kojen aufgegeben haben und ohne eine Klage akzeptiert haben, dass ihre Reise in New York endet, obwohl sie erwarteten, zu der Zeit in Neapel zu sein."*[235]

Daniel Buckley, ein Passagier der 3. Klasse auf der *Titanic*, berichtete seiner Mutter von seinen Erlebnissen und schrieb unter anderem: *„Es war eine große Veränderung für uns, auf diesen fremden Dampfer* [die *Carpathia*] *zu kommen, da wir eine großartige Zeit auf der Titanic hatten. Wir erhielten sehr gutes Essen und wir hatten eine fröhliche Zeit mit Musik und Tanz. Wir hatten jedes nur denkbare Instrument für unsere Unterhaltung an Bord, doch all dieses Amüsement ist in die Tiefe gesunken."*[236]

Allerdings gab es auch Anlass für Ärger auf der *Carpathia*. May Futrelle, eine Passagierin aus der 1. Klasse, deren Ehemann Jacques Futrelle auf der *Titanic* geblieben war, berichtete: *„Als ich mich umsah* [auf der *Carpathia*]*, erlitt*

---

[234] Behe (2011/1), S. 271 f.
[235] Behe (2011/1), S. 176 f.
[236] Behe (2011/1), S. 164

ich einen grausamen Schock. Ich war davon ausgegangen, dass keiner der männlichen Passagiere gerettet worden war – nur die Frauen. Doch da stand Mr Hoyt, der sich um seine Frau kümmerte. Mir gelang es, ihn zu fragen, warum. Er erzählte mir, dass er mit der Titanic untergegangen war und dann ausgerechnet von dem Boot aufgenommen wurde, in dem seine Frau saß."[237] – Das stimmte nicht ganz. Mr Hoyt war über Bord gesprungen, als er gesehen hatte, dass das Rettungsboot mit seiner Frau klar gekommen war. Möglicherweise fehlte ihm der Mut für die ganze Wahrheit, als er erkannte, dass viele Frauen der 1. Klasse gegen ihren Willen von ihren Männern getrennt worden waren und keiner dieser Männer die Chuzpe besessen hatte, dem Boot nachzuspringen. Für überlebende Männer, besonders aus der 1. Klasse, war es auf der *Carpathia* sicher besser, wenn sie wie z. B. Colonel Gracie, Algernon Barkworth oder Jack Thayer um ihr Leben geschwommen waren. Major Arthur Peuchen ließ sich vermutlich auch wegen des bereits auf der *Carpathia* entstehenden gesellschaftlichen Drucks vom 2. Offizier Lightoller eine schriftliche Bestätigung geben, dass er Peuchen in ein Rettungsboot befohlen hatte, weil in dem Boot noch ein Seemann fehlte.

May Futrelle berichtete auch über eine Episode auf der *Carpathia*, an denen die Duff Gordons beteiligt waren, die Clear Cameron ebenfalls negativ aufgefallen waren: *„Es gab einen Zwischenfall an Bord, der die Frauen erschauern ließ. Am Tag nachdem wir an Bord gekommen waren, ließ Lord Duff Gordon einige Heizer für ein Foto aufstellen. Er sagte, es seien solche guten Jungs, dass er jedem fünf Pfund geben wolle und ein Foto machen, damit er sich an sie erinnern könne. Als er die Heizer mit ihren schwarzen Gesichtern aufgestellt hatte, sagte er: „Nun lächeln!" Er forderte sie auf zu lächeln, während Frauen um ihn herum vor Trauer gebrochene Herzen hatten. Einige der Frauen kreischten, als er die Heizer zum Lächeln aufforderte. Sie gehörten zu den Männern, die sich gerettet hatten, aber sie lächelten, wie auch Lord Duff Gordon, als er die Fotos machte."[238]

Diverse *Carpathia*-Passagiere berichten von einem weiteren Zwischenfall in der 1. Klasse: Alfred Nourney, der unter dem Pseudonym Baron von Drachstedt reiste, hatte sich nach seiner Rettung im Speisesaal der 1. Klasse auf einen Haufen Decken gelegt, so dass diese für eine weitere Verteilung an Überlebende blockiert waren. Eine gerettete Passagierin empörte sich über diesen Egoismus und soll

---

[237] Behe (2011/1), S. 306
[238] Behe (2011/1), S. 298

gesagt haben: *„Wenn man darüber nachdenkt: So einer wie Sie hat überlebt, während Frauen sterben mussten; schämen Sie sich!"*[239] Dann zog sie unter dem Beifall der Umstehenden eine Decke unter Nourney heraus, so dass er auf den Boden rollte.

Die Berichte der Passagiere von beiden Schiffen zeigen eine große Hilfsbereitschaft auf Seiten der *Carpathia* und große Dankbarkeit auf Seiten der Schiffbrüchigen. Die Dankbarkeit der Geretteten wurde auch durch den Dankespokal für Kapitän Rostron, der Gedenkmünzen für Offiziere und Besatzung der *Carpathia* und einer Spendensammlung für die Besatzung unter den Geretteten auf der *Carpathia* zum Ausdruck gebracht.

Doch die Enge an Bord muss schlimm gewesen sein. So war es sicherlich eine weise Entscheidung von Kapitän Rostron, nach New York zurückzukehren und nicht die Fahrt der *Carpathia* in Richtung Mittelmeer fortzusetzen oder nach Halifax zu fahren. Die Reise nach Gibraltar hätte länger gedauert als die Rückkehr nach New York, die schon einigen Geretteten viel zu lang vorkam. Und die 712 Schiffbrüchigen hätten von Gibraltar aus ihre Weiterreise antreten müssen. Halifax wäre zwar der Hafen gewesen, der am Nächsten war, doch von dort hätten die Schiffbrüchigen genauso weiterreisen müssen wie von Gibraltar. Außerdem bedeutete eine Fahrt nach Halifax eine Fahrt durch das Eis. New York hingegen war der Zielhafen der *Titanic*. Wer trotz des Unglücks seine Reise fortsetzen wollte, konnte es wie bei Reiseantritt geplant von New York aus tun. Wer wegen des Unglücks seine Reise abbrechen und nach Europa zurückkehren wollte, konnte das ebenfalls sehr gut von New York aus. Und New York war der wichtigste Standort außerhalb Englands sowohl von der Cunard Line, zu der die *Carpathia* gehörte, wie auch der White Star Line, die die *Titanic* bereedert hat. Was vielleicht für Rostron auch noch eine Rolle bei der Entscheidung gespielt hat: New York war deutlich größer als Halifax und konnte 712 Schiffbrüchige vermutlich schneller versorgen. Und: New York hatte die größeren Medienhäuser! Denn schon 1912 war der Untergang der *Titanic* ein Ereignis, das hohe Medienpräsenz hatte. Selbst Kapitän Rostron hatte bereits während der Rettungsaktion der *Carpathia* zumindest seinen Passagier Ogden zum Fotografieren ermuntert.

---

[239] Behe (2015), S. 194

Etwas unverständlich bleibt aus heutiger Sicht, warum Kapitän Rostron alle Angebote anderer Schiffe, der *Carpathia* zu helfen, abgelehnt hat. Natürlich wäre ein weiterer Transfer auf hoher See für die Schiffbrüchigen eine Belastung gewesen, doch es hätte für mehr Raum auf der *Carpathia* gesorgt und insgesamt den Komfort für alle erhöht. Das jedoch soll – genauso wenig wie die Kritik Schiffbrüchiger an der *Carpathia* – die Leistung von Kapitän, Besatzung und auch Passagieren der *Carpathia* schmälern. Sie waren zuerst am Unglücksort und haben die Schiffbrüchigen an Bord genommen. Sie haben sich so gut es ihnen möglich war um die Schiffbrüchigen gekümmert und damit der *Carpathia* einen besonderen Platz in der Geschichte der *Titanic* gesichert.

Anhang 3:
Wann wurde welches Rettungsboot gefiert?

Die Reihenfolge des Fierens der Rettungsboote basiert auf der in Halpern (2011), S. 135 zitierten Tabelle, ergänzt um Lage und Promenadenbereich des jeweiligen Bootes. Auf die Namen der Offiziere an dem Boot wird hier verzichtet, da fraglich ist, ob die Passagiere die Offiziere mit Namen kannten.

Uhrzeit	Boot Nr.	Lage	Promenadenbereich Bootsdeck
00:40 Uhr	Boot 7	Steuerbord vorne	1. Klasse
00:43 Uhr	Boot 5	Steuerbord vorne	1. Klasse
00:55 Uhr	Boot 3	Steuerbord vorne	Offizierspromenade
01:00 Uhr	Boot 8	Backbord vorne	1. Klasse
01:05 Uhr	Boot 1 *	Steuerbord vorne	Offizierspromenade
01:10 Uhr	Boot 6	Backbord vorne	1. Klasse
01:20 Uhr	Boot 16	Backbord achtern	2. Klasse
01:25 Uhr	Boot 14	Backbord achtern	2. Klasse
01:30 Uhr	Boot 12	Backbord achtern	2. Klasse
	Boot 9	Steuerbord achtern	2. Klasse
01:35 Uhr	Boot 11	Steuerbord achtern	2. Klasse (gefiert vom A-Deck, dem überdachten Promenadendeck der 1. Klasse, das achtern unverglast war.)
01:40 Uhr	Boot 13	Steuerbord achtern	2. Klasse (gefiert vom A-Deck, dem überdachten Promenadendeck der 1. Klasse, das achtern unverglast war.)

Uhrzeit	Boot Nr.	Lage	Promenadenbereich Bootsdeck
01:41 Uhr	Boot 15	Steuerbord achtern	2. Klasse (gefiert vom A-Deck, dem überdachten Promenadendeck der 1. Klasse, das achtern unverglast war.)
01:45 Uhr	Boot 2 *	Backbord vorne	Offizierspromenade
01:50 Uhr	Boot 10 Boot 4	Backbord achtern Backbord vorne	2. Klasse 1. Klasse (gefiert vom A-Deck, dem überdachten Promenadendeck der 1. Klasse, das vorne verglast war.)
02:00 Uhr	Boot C **	Steuerbord vorne bei Boot 1	Offizierspromenade
02:05 Uhr	Boot D **	Backbord vorne bei Boot 2	Offizierspromenade
Wurde vor dem Untergang nicht mehr gefiert	Boot A **	Dach der Offiziersquartiere, steuerbord	
Wurde vor dem Untergang nicht mehr gefiert	Boot B **	Dach der Offiziersquartiere, backbord	

* Boot 1 und 2 waren hölzerne Rettungsboote mit einer geringeren Kapazität als die Boote 3 – 16. Sie hingen für Notfälle wie z. B. „Mann über Bord" immer ausgeschwungen in den Davits.

**Die Boote A, B, C und D waren Faltboote, die von den Davits der Boote 1 und 2 zu Wasser gelassen werden konnten. Allerdings mussten vor Verwendung erst die Seiten aus Segeltuch aufgespannt werden.

Anhang 4:
Ankunft der Rettungsboote bei der *Carpathia*

Die Reihenfolge des Eintreffens der Rettungsboote bei der Carpathia *basiert auf der in Halpern (2011), S. 134 zitierten Tabelle und wurde ergänzt um die Schiffszeit* Titanic *und die Zeit auf dem Wasser.*

Boot Nr.	Uhrzeit *Carpathia*[240]	Uhrzeit *Titanic*	Uhrzeit Verlassen der *Titanic*	Zeit auf dem Wasser	Insassen gemäß Halpern (2011), S. 143 (Schätzzahlen)	Verbleib des Bootes[241]
2	04:10 Uhr	4:22 Uhr	01:45 Uhr	2h 37 Min.	17	*Carpathia*
1	04:45 Uhr	4:57 Uhr	01:10 Uhr	3h 47 Min.	12	*Carpathia*
C	05:45 Uhr	5:57 Uhr	02:00 Uhr	3h 57 Min.	43	Atlantik
5	06:00 Uhr	6:12 Uhr	00:43 Uhr	5h 29 Min.	30	*Carpathia*
7	06:15 Uhr	6:27 Uhr	00:40 Uhr	5h 47 Min.	34	*Carpathia*
9	06:15 Uhr	6:27 Uhr	01:30 Uhr	4h 57 Min.	40	*Carpathia*
13	06:30 Uhr	6:42 Uhr	01:40 Uhr	5h 02 Min.	55	*Carpathia*
16	06:45 Uhr	6:57 Uhr	01:20 Uhr	5h 37 Min.	52	*Carpathia*

---

[240] Die Zeit der *Carpathia* war 12 Minuten hinter der Zeit der *Titanic*, d. h. wenn es auf der *Titanic* Mitternacht war, war es auf der *Carpathia* 23:48 Uhr.
[241] *Carpathia* = von der *Carpathia* an Bord genommen und in New York abgeladen
Atlantik = nach Bergung der Insassen driften lassen

Boot Nr.	Uhrzeit *Carpathia*[242]	Uhrzeit *Titanic*	Uhrzeit Verlassen der *Titanic*	Zeit auf dem Wasser	Insassen gemäß Halpern (2011), S. 143 (Schätzzahlen)	Verbleib des Bootes[243]
11	07:00 Uhr	07:12 Uhr	01:35 Uhr	5h 37 Min.	50	*Carpathia*
14	07:15 Uhr	07:27 Uhr	01:25 Uhr	6h 2 Min.	25	Atlantik
D	07:15 Uhr	07:27 Uhr	02:05 Uhr	5h 22 Min.	35	Atlantik
3	07:30 Uhr	07:42 Uhr	00:55 Uhr	6h 47 Min.	32	*Carpathia*
8	07:30 Uhr	07:42 Uhr	01:00 Uhr	6h 42 Min.	25	*Carpathia*
15	07:30 Uhr	07:42 Uhr	01:41 Uhr	6h 01 Min.	68	Atlantik
4	08:00 Uhr	08:12 Uhr	01:50 Uhr	6h 22 Min.	60	Atlantik
6	08:00 Uhr	08:12 Uhr	01:10 Uhr	7h 2 Min.	24	*Carpathia*
10	08:00 Uhr	08:12 Uhr	01:50 Uhr	6h 22 Min.	55	*Carpathia*
12	08:15 Uhr	08:27 Uhr	01:30 Uhr	6h 57 Min.	69	*Carpathia*
Schätzzahlen Gesamtsumme					726	
Überlebende Gesamtzahl					712	
Differenz					14	

---

[242] Die Zeit der *Carpathia* war 12 Minuten hinter der Zeit der *Titanic*, d. h. wenn es auf der *Titanic* Mitternacht war, war es auf der *Carpathia* 23:48 Uhr.
[243] *Carpathia* = von der *Carpathia* an Bord genommen und in New York abgeladen
Atlantik = nach Bergung der Insassen driften lassen

171

Anhang 5:
Titanic – Zahlen, Daten, Fakten

Werft:	Harland & Wolff, Belfast
Reederei:	White Star Line, Liverpool

Kiellegung:	22. März 1909[244]
Stapellauf:	31. Mai 1911
Übergabe:	2. April 1912
Beginn Jungfernfahrt:	10. April 1912
Untergang:	15. April 1912

Länge über alles:	269m (gerundet)
Rauminhalt:	46.329 BRT (gerundet)
Nutzfläche:	21.831 NRT (gerundet)
Leistung:	46.000 PS
Reisegeschwindigkeit:	21 Knoten
Höchstgeschwindigkeit:	Nie erreicht, geschätzt auf 24 bis 25 Knoten

Kapazität:

1. Klasse	787 Passagiere
2. Klasse	676 Passagiere
3. Klasse	1.008 Passagiere
Besatzung	mindestens 885 (abhängig von der Auslastung)

---

[244] Datum lt .Baubuch der Werft Harland & Wolff, das im Public Record Office Northern Ireland in Belfast einsehbar ist. Die entsprechende Seite wurde vom Deutschen Titanic-Verein in der Vereinszeitschrift „Der Navigator" Nr. 82, S. 23, veröffentlicht.

Die Zahlen zu den Passagieren und den Besatzungsmitgliedern basieren auf Hermann Söldners Passagier- und Besatzungsliste der RMS Titanic, die im Jahr 2000 unter dem Titel „RMS Titanic Passenger and Crew List (10 April 1912 – 15 April 1912)" im ä wie Ärger Verlag erschienen ist.

Die acht Musiker werden in den folgenden Betrachtungen zur Besatzung gezählt, obwohl sie mit einem Ticket der 2. Klasse reisten. Im Gegensatz zu den übrigen Passagieren arbeiteten die Musiker auf dem Schiff und durften nicht, wie die Passagiere, in New York einfach an Land gehen, sondern sie mussten die komplette Rundreise mitmachen, wie die Besatzung auch.

Wer die Sichtweise bevorzugt, dass die acht Musiker zu den Passagieren zu zählen sind, muss bei der Besatzung 8 Mann abziehen und diese bei den 2. Klasse Passagieren bzw. den männlichen 2. Klasse-Passagieren aufrechnen. Keiner der Musiker hat überlebt.

Bei den Prozentzahlen wurde kaufmännisch auf- oder abgerundet. Kleine Abweichungen zu 100% entstehen durch Rundungsdifferenzen.

Beim Verlassen Queenstowns (Irland) waren an Bord:

Menschen:	2.208		
davon Passagiere	*1.309*	*59%*	
davon Besatzung	*899*	*41%*	

Überlebende	712	% von Gesamtzahl	% von Gruppe
davon Passagiere	*500*	*70%*	*38%*
davon Besatzung	*212*	*30%*	*24%*

Opfer	1496	% von Gesamtzahl	% von Gruppe
davon Passagiere	*809*	*54%*	*62%*
davon Besatzung	*687*	*46%*	*76%*

Allgemeine Statistiken

Die Auslastung der *Titanic* auf ihrer ersten und letzten Reise:

Klasse	Kapazität	Belegt	Auslastung
1. Klasse	787	324	41%
2. Klasse	676	277	41%
3. Klasse	1.008	708	70%
Gesamt	**2.471**	**1.309**	**53%**

Die Menschen an Bord setzten sich wie folgt zusammen:

	Männer	Frauen	Kinder (älter als 1 Jahr und jünger als 12 Jahre)	Säuglinge (jünger als 1 Jahr)
1. Klasse	176	143	4	1
2. Klasse	159	96	18	4
3. Klasse	450	179	73	6
Gesamt Passagiere (Basis 1.309)	*785 (60%)*	*418 (32%)*	*95 (7%)*	*11 (< 1%)*
Besatzung	876 (97%)	23 (3%)	0	0
Gesamt (Basis 2.208)	**1.661 (75%)**	**441 (20%)**	**95 (4%)**	**11 (<1%)**

Überlebende und Tote nach Klassen

Die Prozentangabe bezieht sich auf die jeweilige Gruppe, z. B. von den 159 Männern in der 2. Klasse haben 13 und damit 8% von den 159 Männern in der 2. Klasse überlebt.

	1. Klasse	2. Klasse	3. Klasse	Passagiere Gesamt	Besatzung
Männer an Bord	**176**	**159**	**450**	**785**	**876**
Männer überlebt	58 (33%)	13 (8%)	60 (13%)	131 (17%)	192 (22%)
Männer gestorben	118 (67%)	146 (92%)	390 (87%)	654 (83%)	684 (78%)
Frauen an Bord	**143**	**96**	**179**	**418**	**23**
Frauen überlebt	139 (97%)	84 (88%)	90 (51%)	313 (75%)	20 (87%)
Frauen gestorben	4 (3%)	12 (13%)	89 (49%)	105 (25%)	3 (13%)
Kinder an Bord	**4**	**18**	**73**	**95**	
Kinder überlebt	3 (75%)	18 (100%)	26 (36%)	47 (49%)	
Kinder gestorben	1 (25%)	0 (0%)	47 (64%)	48 (51%)	
Säuglinge an Bord	**1**	**4**	**6**	**11**	
Säuglinge überlebt	1 (100%)	4 (100%)	4 (67%)	9 (82%)	
Säuglinge gestorben	0 (0%)	0 (0%)	2 (33%)	2 (18%)	

Die Überlebenden

Die Prozentangabe bezieht sich auf den Anteil der jeweiligen Gruppe an den 712 Überlebenden, z. B. haben 500 Passagiere überlebt, das entspricht einem Anteil von 70% an den Geretteten. Oder anders ausgedrückt: 70% der Geretteten waren Passagiere.

	Männer	Frauen	Kinder (älter als 1 Jahr und jünger als 12 Jahre)	Säuglinge (bis 1 Jahr)	Gesamt
1. Klasse	58 (8%)	139 (20%)	3 (<1%)	1 (<1%)	201 (28%)
2. Klasse	13 (2%)	84 (12%)	18 (3%)	4 (<1%)	119 (17%)
3. Klasse	60 (8%)	90 (13%)	26 (4%)	4 (<1%)	180 (25%)
Passagiere Gesamt	*131 (18%)*	*313 (44%)*	*47 (7%)*	*9 (<1%)*	*500 (70%)*
Besatzung	192 (27%)	20 (3%)	0	0	212 (30%)
Gesamt	**323 (45%)**	**333 (47%)**	**47 (7%)**	**9 (<1%)**	**712 (100%)**

Und die Toten

Die Prozentangabe bezieht sich auf den Anteil der jeweiligen Gruppe an den 1.496 Opfern des Unglücks. Z. B. sind 809 Passagiere umgekommen, das entspricht einem Anteil von 54% an den Opfern. Oder anders ausgedrückt: 54% der Toten waren Passagiere.

	Männer	Frauen	Kinder (älter als 1 Jahr und jünger als 12 Jahre)	Säuglinge (bis 1 Jahr)	Gesamt
1. Klasse	118 (8%)	4 (<1%)	1 (<1%)	0 (<1%)	123 (8%)
2. Klasse	146 (10%)	12 (<1%)	0 (<1%)	0 (<1%)	158 (11%)
3. Klasse	390 (26%)	89 (1%)	47 (<1%)	2 (<1%)	528 (35%)
Passagiere Gesamt	*654 (44%)*	*105 (7%)*	*48 (< 1%)*	*2 (<1%)*	*809 (54%)*
Besatzung	684 (46%)	3 (<1%)	0	0	687 (46%)
Gesamt	**1.338 (89%)**	**108 (1%)**	**48 (<1%)**	**2 (<1%)**	**1.496 (100%)**

Quellenverzeichnis

Baak, Rolf-Werner (2014), „Die *Titanic* und das Wetter, Teil 2", Deutscher Titanic-Verein von 1997 e. V., *Der Navigator*, Nr. 68, S. 18 ff

Bäbler, Günter, Hrsg. (2004), *R.M.S. Titanic – First Class Passenger List*, Zürich: ä wie Ärger Verlag

Bäbler, Günter (2013), *Das Crewbuch der Titanic*, Glattbrugg (Schweiz): ä wie Ärger-Verlag

Bäbler, Günter (2017), *Guide to the Crew of Titanic*, Stroud (Gloucestershire): The History Press

Beesley, Lawrence / Rolf-Werner Baak (2012), *Das 1:1000000 Risiko. 100 Jahre Titanic*, Norderstedt: Books on Demand

Behe, George (2011/1), *On Board RMS Titanic. Memories of the Maiden Voyage*, ohne Ort: Lulu

Behe, George (2011/2), *A Death on the Titanic. The Loss of Major Archibald Butt*, ohne Ort: Lulu

Behe, George (2015), *Voices from the Carpathia. Rescuing RMS Titanic*, Stroud (Gloucestershire): The History Press

Behe , George (2018), „Als die *Titanic* ‚unsinkbar' wurde", Deutscher Titanic-Verein von 1997 e. V., *Der Navigator* Nr. 83, S. 12 ff.

Beveridge, Bruce / Scott Andrews / Steve Hall / Daniel Klistorner (2009), *Titanic. The Ship Magnificent, Volume Two. Interior Design & Fitting Out*, 3. Auflage, Stroud (Gloucestershire): The History Press

Bisset, Sir James (1959), *Tramps and Ladies. My Early Years in Steamers*, Sydney: Angus & Robertson

Booth, John / Sean Coughlan (1993), *Titanic. Signals of Disaster*, Westbury (Wiltshire): White Star Publications

Chirnside, Mark (2016), *The 'Big Four' of the White Star Fleet. Celtic, Cedric, Baltic & Adriatic*, Stroud (Gloucestershire): The History Press

Cimino, Eric C. (2018), „Wie sich die *Carpathia* um die *Titanic*-Überlebenden kümmerte", Deutscher Titanic-Verein von 1997 e. V., *Der Navigator* Nr. 82, S. 42 ff.

Comption, Nic (2012), *Titanic on Trial. The Night the Titanic Sank Told Through the Testimonies of Her Passengers and Crew*, London: Bloomsbury

Dowding, Ted & Dinah (1997), *Clear to America by Titanic - & beyond*, Thurso: Ted & Dinah Dowding

Eaton, John P. / Charles A. Haas (2012), *Titanic – Legende und Wahrheit*, Königswinter: Heel

Eaton, John P. / Charles A. Haas (1986), *Titanic: Triumph and Tragedy. A Chronicle in Words and Pictures*, Sparkford Nr. Yeovil (Somerset): Patrick Stephens Limited

Edwards, Brian (1998), *A Swim for Dear Life. The True Story of a Titanic Survivor*, Selsdon, South Croyden (Surrey): Gordons Publishing

Fitch, Tad / J. Kent Layton / Bill Wormstedt (2012), *On a Sea of Glass. The Life & Loss of the RMS Titanic*, Stroud (Gloucestershire): Amberley Publishing

Halpern, Samuel (2011), *Report into the Loss of the SS Titanic. A Centennial Reappraisal*, Stroud (Gloucestershire): The History Press

Jessop, Violet / John Maxtone-Graham (1998), *Titanic Survivor. The Memoirs of Violet Jessop Stewardess*, Stroud (Gloucestershire): Sutton Publishing

Klistorner, Daniel / Charles Provost (2016), „Alle lächelten, alle waren so höflich", Deutscher Titanic-Verein von 1997 e. V., *Der Navigator*, Nr. 73, S. 14 ff.

Lord, Walter (1984), *Die Titanic-Katastrophe*, 7. Auflage, München: Heyne

Lord, Walter (2012), *Die letzte Nacht der Titanic*, 3. Auflage, Frankfurt am Main, S. Fischer Verlag

Maxtone-Graham, John (2000), *Der Weg über den Atlantik. Die einzige Verbindung zwischen Europa und Amerika*, München: Wilhelm Heyne Verlag

Molony, Senan (2006), *Titanic and the Mystery Ship*, Stroud (Gloucestershire): Tempus

Mylon, Patrick (2016), *RMS Titanic. The Wider Story*, Stroud (Gloucestershire): The History Press

Pike, Dag (2017), *Taming the Atlantic. The History of Man's Battle with the World's toughest Ocean*, Barnsley: Pen & Sword

Philipp, Markus (2016), Kleines Einmaleins der Navigation, Kapitel 4: Wie schnell fuhr die *Carpathia*?, Deutscher Titanic-Verein von 1997 e. V., *Der Navigator* Nr. 75, S. 6 ff

Philipp, Markus / Rolf-Werner Baak (2016), Kleines Einmaleins der Navigation Kapitel 4, Teil 2: Geschwindigkeit der *Carpathia*, Deutscher Titanic-Verein von 1997 e. V., *Der Navigator* Nr. 76, S. 15 ff.

Philipp, Markus (2017), "Kleines Einmaleins der Navigation – Kapitel 6: Der Kurs hinter der Ecke", Deutscher Titanic-Verein von 1997 e. V., *Der Navigator*, Nr. 80 (Dezember 2017), S. 14 ff.

Poirier, Michael (2016), "Gemeinsam durch eine tragische Nacht", Deutscher Titanic-Verein von 1997 e. V., *Der Navigator*, Nr. 75, S. 15 ff.

Quinn, Paul J. (1999), *Dusk to Dawn. Survivor Accounts of the Last Night on the Titanic*, Hollis (New Hampshire): Fantail

Rostron, Sir Arthur (2011), *Titanic Hero. The Autobiography of Captain Rostron of the Carpathia*, Stroud (Gloucestershire): Amberley Publishing

Schillow, Ned W. (2017), *Lifeboats Adrift. Surviving the Titanic*, North Charleston, SC: CreateSpace Independent Publishing Platform

Spedden, Daisy Corning Stone und Laurie McGaw (1994), *Polar the Titanic Bear*, Toronto (Ontario): Madison Press Books für Little, Brown and Company

Söldner, Hermann (2000), *RMS Titanic Passenger and Crew List (10 April 1912 – 15 April 1912)*, Rüti (Schweiz): ä wie Ärger Verlag

Titanic International Society Voyage 96, *The Hoyts share their Titanic experience*, S. 154 ff.

Titanic International Society, Voyage 98, *"On 20th anniversary of Titanic's sinking, survivor May Futrelle recalls fateful night"*, S. 73 ff

Wade, Wyn Craig (1986), *The Titanic. End of a Dream.* London: Weidenfeld and Nicolson

Wilson, Francis (2011), *How to survive the Titanic or the Sinking of J. Bruce Ismay*, London: Bloomsbury

INTERNET:

Encyclopedia Titanica (www.encyclopedia-titanica.org):

- **(2016) Mahala Douglas Encyclopedia Titanica** (ref: #98, accessed 5th November 2016 04:52:02 PM)
  URL : //www.encyclopedia-titanica.org/titanic-survivor/mahala-douglas.html
- **(2016) Imanita Parrish Shelley** *Encyclopedia Titanica* (ref: #565, accessed 28th October 2016 01:43:36 PM)
  URL : //www.encyclopedia-titanica.org/titanic-survivor/imanita-parrish-shelley.html
- **(2017) Anna Sofia Turja Encyclopedia Titanica** (ref: #1272, accessed 4th February 2017 05:55:22 PM)
- URL : //www.encyclopedia-titanica.org/titanic-survivor/anna-sofia-turja.html
- **(2019) Algernon Henry Barkworth** *Encyclopedia Titanica* (ref: #15, updated 6th September 2019 10:33:37 AM)
  URL : https://www.encyclopedia-titanica.org/titanic-survivor/algernon-barkworth.html
- **(2019) Cosmo Edmund Duff Gordon Encyclopedia Titanica** (ref: #100, updated 8th September 2019 08:57:19 AM)
  URL : https://www.encyclopedia-titanica.org/titanic-survivor/sir-cosmo-duff-gordon.html
- **(2019) Maija Emelia Abrahamintytar Panula Encyclopedia Titanica** (ref: #1113, updated 19th October 2019 09:19:34 AM)
  URL : https://www.encyclopedia-titanica.org/titanic-victim/maija-emelia-abrahamintytar-panula.html

Sehr hilfreich für die Orientierung auf der *Titanic* waren die auf Encyclopedia Titanica veröffentlichten Deckpläne:
URL: https://www.encyclopedia-titanica.org/titanic-deckplans/
(zuletzt besucht am 10.10.2019)

Andere Seiten:

Zum Unterschied zwischen Dinner und Supper:
https://www.merriam-webster.com/words-at-play/dinner-vs-supper-difference-history-meaning (zuletzt besucht am 15. August 2019)

Von der gleichen Autorin

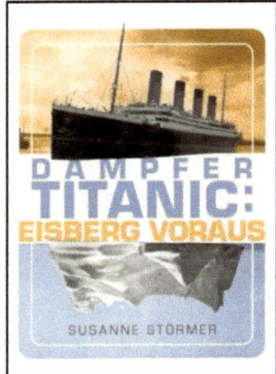

Books on Demand, 2019
ISBN-13: 9783748100829
Auch als eBook erhältlich

14. April 1912: Noch nie war ein Schiff dieser Größe mit dieser Geschwindigkeit mitten durch ein Eisfeld gefahren – dann kam die *Titanic*. Der Ausgang ist bekannt. Die Überlieferung jedoch passt in vielen Punkten nicht zu den Aussagen und Beobachtungen Überlebender.

„Dampfer Titanic: Eisberg voraus" untersucht die letzten Stunden vor der Kollision bis zur Kollision mit dem Eisberg hinsichtlich folgender Fragestellungen:
- Welche Eiswarnungen waren der Schiffsführung bekannt?
- Was geschah während der letzten Wache, als die *Titanic* mitten durch ein Seegebiet fuhr, in dem andere Schiffe zahlreiche Eisberge und Treibeis gesichtet hatten?
- Was passierte beim Ausweichmanöver?

Die Analyse basiert in erster Linie auf den Aussagen vor den Untersuchungsausschüssen aus dem Jahr 1912, als die Erinnerungen bei den Zeugen noch frisch waren. Und es gibt verblüffende Erkenntnisse, so dass sich die Frage aufdrängt: Ist etwa die überlieferte Geschichte die wahre Verschwörung?

Deutscher Titanic-Verein von 1997 e. V.

Der Deutsche Titanic-Verein von 1997 e. V. ist ein bundesweit aktiver Verein, dessen Zweck die Bildung und Erziehung der Gemeinschaft bezüglich der Geschichte der *Titanic* und der Schifffahrt im Allgemeinen ist.

Der Deutsche Titanic-Verein gibt üblicherweise vier Mal im Jahr eine Vereinszeitschrift heraus, die ein breites Spektrum an Beiträgen zur *Titanic* und zur Schifffahrt allgemein enthält. Sie wird an alle zahlenden Mitglieder versandt.
Zu den weiteren Vereinsleistungen gehört die Organisation eines Jahrestreffens in Verbindung mit der Jahreshauptversammlung des Vereins. Das Jahrestreffen findet in der Regel an einem Wochenende Ende Mai/Anfang Juni an wechselnden Orten in Deutschland statt und beinhaltet ein vielfältiges Programm zur *Titanic* oder verwandte Themen.

Weitere Informationen zum Verein und eine Downloadmöglichkeit der Beitrittserklärung gibt es unter der Internetadresse
www.titanicverein.de

Kontaktadresse (Stand 31. Oktober 2019):
Deutscher Titanic-Verein von 1997 e. V.
c/o Malte Fiebing-Petersen, Raiffeisenweg 16, 24229 Schwedeneck